# ルポ
# 老人受刑者

SAITO Michinori
斎藤充功

中央公論新社

ルポ　老人受刑者　**目次**

# ルポ　老人受刑者

# 序章　漂流する老人受刑者——過去の取材ノートから

## 三十数年前の〝老人刑務所〟

私が〝漂流する老人受刑者〟の存在に関心をもったのは、三十数年も前になろうか。四十代半ばの時代であった。広島県呉市。戦前、海軍の町として栄えた土地で現在も海上自衛隊の関係施設が多く置かれている。三方が山に囲まれ西側の対岸には江田島が眺望できる市街地は、すり鉢の底につくられた都市といえるのではないか。刑務支所（現在は広島刑務所呉拘置支所として所管替え）の所在地は吉浦上城《よしうらかみじょう》、標高七〇メートルの小高い丘の上につくられた施設の門柱には木製の「呉刑務支所」の銘板が掲げられ、門柱を背に前方を眺めると、呉港がパノラマのように広がり、なんとも、風光明媚な場所にあった。

官制上、〝老人刑務所〟なる名称はないそうだが、呉刑務支所の場合、受刑者五一名の内訳は年少者五十八歳、最高齢者八十三歳で、平均年齢は六十八歳。受刑者の全員が〝老人〟ということで、ここは、まぎうことなき〝老人刑務所〟なのだ。

取材に先立ち支所長の岡本和心氏から施設の由来などについて説明があった。ここは元海軍刑務所の施設を転用したもので監房は当時の建物を補修して使っており、日本で唯一のＰ・Ｍ級受刑者を収容している刑務所とのこと。

Ｐ・Ｍ級とは「収容分類級」で「身体に欠陥のある者」を〝Ｐ〟とし、「精神上、欠陥のある者」を〝Ｍ〟に指定、養護の必要がある老人は〝ＰＳ級〟と定められていた。

岡本氏は施設の概況についても言葉を選び選び慎重に説明してくれるのだが、受刑者との単独インタビューを申し入れると言下に〝ノー〟と撥ねつけた。そこで取材は頓挫。

最初にもどって取材の趣旨をあらためて説明し、受刑者へのインタビューについてネバることにした。交渉は続くが時間が経ってゆく。五回目の話し合いのとき「それほど希望するのなら一応、広島の方（支所の上級庁は広島刑務所）とも相談してみます」というと、席を外し別室に出ていった。

五分、十分……。気持ちが落ち着かない。三十分ほど経過したとき、戻ってきた。「許可が出たので受刑者とのインタビューは認めましょう。時間はそう、二時間以内ということで、どうでしょうか」。

岡本氏は広島刑務所の上司を説得してくれたのであろう。額にはうっすらと汗をかき顔が上気していた。所内（戒護区域）を案内してくれるのは保安課長（看守長）の宮本良能氏と係長（副看守長）の延広良孝一氏の二人。

庁舎を出ると裏側は山を背に高いコンクリートの塀が作られており、瓦葺木造二階建ての建物が目に飛び込んできた。塀の内側に沿ってつくられている運動場の一部は、チリひとつなく掃き清められていて、その上を歩くと足跡がクッキリと土に残った。丁重な清掃は異常発見の方法なのか？

「監房、舎房と呼んでいますが、まず、そこから案内します。支所長からお聞きになっていると思いますがここは戦前、海軍刑務所でした。当時の構造物は外塀とこの舎房の建物だけが残っています」（保安課長）

舎房のなかに入る。異臭が漂っている。これは便所の臭いだ。

取材当時の呉刑務支所（1986 年）

トイレは水洗ではなく「置き便器」から漏れてくる臭いであった。舎房は二階建てとはいえ、優に三階建ての高さがあり、天井が高い。古い建物で採光用の天窓がつくられているが、内部は日中といえども薄暗く感じられた。雑居と独居は上下階に分かれていて、部屋の中には畳が敷かれていた。廊下を歩きながら保安課長が語る。

「彼らと毎日付き合っていてつくづく思うんですが、ここは刑務所で不自由な環境で生活しているにも関わらず、彼らは出所して二、三ヶ月も経つとまた戻ってきてしまう。出所するときは〝もう、二度と来ません〟と言って出ていくんですが、ダメなんです。老人で生活手段をもたない彼らが社会で生きてゆくことは大変でしょう。だが、一部の老人に言わせると〝刑務所は衣食住の心配がない。極楽なんだ〟と、話すものもいるんです。〝最後はここしかない〟と、真剣に話すんです。彼らにとっては、その言葉は現実なんでしょう。老人受刑者を相手にしていると刑務官の無力さを感じてしまいます」

五一人の受刑者中、初犯はわずか六人。残り四五人の受刑者は再入者（累犯者）で平均八回の刑務所歴があり、最多の受刑者は二十二回ものリピーターであった。

いわゆる常習累犯者が収容されている呉刑務支所だか、犯罪の態様は詐欺（無銭飲食）と窃盗（万引き）がほとんどで、殺人、強盗、放火といった重大事件を犯したものは四人にすぎない。

## 新受刑者中の高齢者（60歳以上）数及び構成比

（昭和54年～58年）

| 年　次 | 総　数（A） | 高齢者（B） | 高齢者比 B/A（%） |
|---|---|---|---|
| 54　年 | 29,087 | 470 | 1.6 |
| 55 | 28,374 | 497 | 1.8 |
| 56 | 30,336 | 542 | 1.8 |
| 57 | 31,397 | 544 | 1.7 |
| 58 | 30,725 | 588 | 1.9 |
| 男　子 | 29,568 | 560 | 1.9 |
| 女　子 | 1,157 | 28 | 2.4 |

注　矯正統計年報による。　出典：『昭和59年版犯罪白書』

この年、昭和五十九年（一九八四年）版「犯罪白書」に初めて老人受刑者に関するデータが載り、項目として「高齢化社会と犯罪」が記された。前年の新受刑者数は三万七二五人。そのうち六十歳以上の高齢者は五八八人で全体の一・九％。年齢別受刑者の統計でも高齢者の増加率は最も高く、今後の高齢受刑者対策が急務と白書も指摘している。また、罪名は窃盗（万引き、自転車盗）が七八・二％で次いで横領（六・八％）、詐欺（三・三％）、傷害、暴行とつづくが、反面、殺人、強盗、放火などの凶悪犯罪は一・〇〇％に過ぎず、老人犯罪の特徴が「窃盗」に特化されていることが数字からも読み取れる。

生活手段をもたない刑務所歴八回の元受刑者ともなれば、おいそれと社会は〝老囚〟を受け入れてはくれぬだろう。それは、社会適応力が欠如しているという以前の問題で、〝生きるために〟再犯に走る。あとは、〝逮捕―起訴―裁判―実刑判決〟と司法のレールに乗って刑務所に逆戻り。ここでの生活がはじまる。司法は「社会防衛」策として実刑判決を下すのか？

保安課長が話していた老囚の受刑態度・生活感覚は〝衣食住の心配がない〟という極楽天国の刑務所生活なのか。その実態は如何なるものなのか。

湯たんぽの支給、減塩の老人食、車椅子による所内移動、入浴の介助等、老囚に対する処遇はきめ細かく実施されているが、果たして、本人たちは本心から刑務所生活を望んでいるのだろうか。

工場では老囚が座布団に座って一列に並び〝袋貼り、経木作り、おもちゃの袋詰め〟などの単純な作業に精を出していた。額に深く刻まれた年輪は時代モノの顔だ。なかには、手を挙げて担当看守に許可を求めて用便に立つものもいる。

「老人とはいえ、刑務作業は受刑者に科せられた義務なので、一日六時間の作業があります。彼らは文句も言わずに真面目に仕事に精を出していますが、社会に出ると累犯の大半はタガが外れて勝手気ままな生活に戻ってしまうんです。それと、歳が歳だけに社会に出ても働く場所が極めて少ないのも現実で、老人という弱者だけに気の毒な面もあります」（係長）

受刑者の平均在所期間は一年二月。そして、彼らが出所時に手にする作業賞与金（現在は作

## 高齢者（60歳以上）の刑法犯検挙人員の罪名別構成比

（昭和58年）

| 罪　名 | 計 | 高齢者 | | |
|---|---|---|---|---|
| | | 小　計 | 男　子 | 女　子 |
| 総　数 | 100.0<br>(438,705) | 100.0<br>(15,880) | 100.0<br>(10,773) | 100.0<br>(5,107) |
| 殺　人 | 0.4 | 0.6 | 0.8 | 0.3 |
| 強　盗 | 0.5 | 0.1 | 0.2 | 0 |
| 傷　害 | 7.4 | 2.1 | 3.0 | 0.3 |
| 暴　行 | 4.2 | 1.4 | 2.0 | 0.2 |
| 恐　喝 | 2.6 | 0.1 | 0.1 | 0.1 |
| 窃　盗 | 65.0 | 78.2 | 71.6 | 92.1 |
| 詐　欺 | 3.1 | 3.3 | 4.5 | 0.7 |
| 横　領 | 7.1 | 6.8 | 9.2 | 1.7 |
| 強　姦 | 0.4 | 0.1 | 0.1 | 0 |
| 放　火 | 0.2 | 0.3 | 0.3 | 0.2 |
| その他 | 9.0 | 7.0 | 8.2 | 4.5 |

注　1．警視庁の統計による。
　　2．交通関係業過を除く。
　　3．（　）内は，実数である。

出典：『昭和59年版犯罪白書』

業報奨金と称している）は平均三万円前後。入所時、無一文の老囚も多く、出所のその日から三万円たらずの金で生活をはじめなければならない。大半の老囚は身内の引き取り手もなく、友人を頼ったり、更生保護施設に身を寄せる。だが、なかには頼るところもなく浮き草の人生に戻り、手にした金を使い果たし、あとは、最後の晩餐とばかりに食堂で〝酒、刺身、天ぷら、うなぎ〟などを注文して勘定のときに〝無銭飲食〟と居直り、警察に通報させて逮捕される。代金はせいぜい五、六千円だ。なんとも、いじましい詐欺ではないか。

## 老人受刑者五人の人生

個別に五人の受刑者とのインタビューが小会議室で実現した。だが、職員立ち会いの許で彼らは本音で話してくれるのだろうか？　気になった。

Mは詐欺の常習犯で今回は九回目のオットメ。刑期は一年六月。独身、七十一歳。

何回目のオットメですかと、言葉に弾みをつけてみた。Mは禿頭に右手を当てながら、

「お恥ずかしいんですが、今回で九回お世話になっています。罪名は『詐欺』なんですが、無銭飲食で五千円ばっかやりまして、常習累犯ということで一年六月の実刑判決でした。出ると

きは、もう二度と来まいと心に誓うんですが、娑婆に出ると、つい、癖が出てしまい、やっちゃうんです（無銭飲食を）。あたしも満で七十一歳になりました。刑務所との付き合いも終わりにしないと、ここで、生涯を終えてしまうんではと、不安になってくるんです。身から出た錆ですが、身内とも絶縁状態で、出ても行くところがないんです。老いて一人ぼっちの身は、本当に寂しいものですよ。でも、ここにいる間は、仲間がいるし、皆、それぞれ愚痴りますが、お互い、寄りかかって生活しているんです」

最初のうちは気恥ずかしそうに目を伏せながら話していたMだが、〝出所後の生活、身内のこと、病気〟などについて質問が及ぶと、私の顔を正面から見据えて早口でまくし立てた。そして、ここ（刑務所）は飽くまで仮の宿。生活の場所は娑婆にあると、真剣な口調で訴えてきた。

「金が無くなり、どうしようもなくなって悪いとは知りながら、無銭飲食をしてしまうんだ。それ以外、年寄りの俺には、タタキ（強盗）やノビ（侵入盗）をやる才覚はないんです。七十一にもなって『ただ食い』なんてお恥ずかしい話ですが、ヤバイことも、それくらいしか出来ないんです。ここでは湯たんぽも出してくれるし、老人食だと減塩の献立を作ってくれ、何かと生活に気を使ってくれるんですが、ここを終の棲家とは思いたくないんです。社会と断絶した刑務所ですから……」

次は最高齢者のＳ。明治四十四年（一九一一年）生まれの「常習スリ犯」で八十三歳。初犯は一九三〇年。八月の実刑で、以来、「スリ」の道を歩いてきたプロ、独身。

「イヤ、今回もパンサ（朝鮮語でスリの意味。スリの世界で隠語になっている）で、三年（実刑）ですよ。わたしゃあ、昭和五年（一九三〇年）、満州事変の一年前から矯正院（現在の少年院）の世話になっていましてね、通算すると八十三のこの歳まで矯正院とムショ暮らしは四十年というとこですか。まあ、オギャアと生まれてこの方、人生の半分以上はムショにいた勘定になります。世話になった刑務所は十以上になりますか。最近のムショは昔と比べると食い物にしても青テン（獄衣）にしても懲役の待遇はダンチにいいですよ。とは言っても、ああだ、こうだと不満の多いのが懲役なんです（監獄太郎の言葉は歴史を感じさせる）。

しかし、この歳になると腕のほうも鈍ってきて、からきしダメだね。今回もサツにガン付け（注意人物として監視対象にされた）されていて、パクられたんだから、世話ないよ。それで、足を洗うことも考えてはみたんだが、娑婆に出ると、つい、指先が動いてしまい、本当にダメだね」

Ｓはこんな調子で得々と自分のスリ歴を披露してくれた。しかし、体は頑健で八十三歳という年齢のわりにはシャキッとしていて背筋もピンとしている。だが、インタビューの途中で何度も歳の話が出てきた。

「もう、そろそろ年貢の納めどきだと思うんだ。八十三といや、世間じゃあ、老人ホームに入って余生を送る歳でしょう。ここにいれば衣食住の心配はないが、いちばん気になるのは病気なんです。ここの連中は二、三ヶ月、娑婆で持てばいいほうで、長くても八ヶ月くらい。それ以上経っても戻ってこないものはポックリ、いっちまったんじゃあないかと、仲間は噂するんですよ。お互い、体のことがいちばん神経質になっています」

病気といえば老人は循環器系の疾病が最も多く、高血圧、脳卒中、心臓病がベストスリーだが、刑務所での発病率は社会と比較すると五分の一と低い。理由は刑務所の健康管理もさることながら社会から隔離され、喫煙や飲酒あるいは刺激のない環境にあるためではないのかと、推察した。ここ十年、刑務支所では死亡者ゼロだそうだ。

だが、Sも話していたように受刑者のほとんどが健康のことを気にかけているという。ならば、一日も早く出所することが、彼らにとっても不安が解消されると思うのだが……。

「塀の中にいると、なんでもかんでも不安になってくるんですよ。自分の意思ではなにも出来ない。あれやりたい、これやりたいと思っても、官（刑務所）が決めたことだけしかできないんです。人間、自分の意思で選択できない不自由さは、ここに入ったことのないものには分かりませんよ」

こう、話すのは三人目に取材したYで、罪名を聞くと「強盗殺人」で無期懲役の判決を受けていた。六十一歳のときに事件を起こし、控訴棄却で刑が確定して服役したのは八年前、初犯。妻帯者。罪名を聞かされて自然と緊張してしまう。

「高裁で控訴棄却（一九七六年）を言い渡されたときは一瞬、目の前が真っ白になり、生きることに絶望してしまいました。この先、一生、刑務所から出られないのではないか、あれやこれや考えると、いてもたってもいられない気持ちでした。刑が確定して拘置所から、こっちに移された当時は一日中、ボケッとしている日が続き、希望のない灰色の毎日でした。が、生きる自信というのか、出ることへの希望をもちはじめたのは、家族の励ましがあったからなんです。

それと、職員の方からも『無期とはいっても、真面目に務めていれば必ず出所の機会がある』と言われ、希望を持ちはじめたんです。

わたしの場合、帰る家もあるし、身元引受人は身内のものがなってくれているので、外の心配はないんですが、正直いって、ここの生活は苦痛です。入所してから八年になりますが、その間、何十人という人が出て行っては戻ってきました。最初のうちは、ここの不自由さや、精神的な苦痛を思えば、社会ではどんな苦労も耐えられるはずだと考えていたんですが、それは、わたしの認識不足でした。

累犯の人は大半が、家族や兄弟とも絶縁していて、社会に出ても頼るところがない。それに老人は働くところもないんです。出れば、その日からひとりで生活していかなければならないし、社会は老人に冷たいですからね。累犯の人が出て行ったら、また、すぐ戻ってくる。その気持ちがわたしにも、だんだん分かってきたんです。ここしか帰るところがないなんて、あまりにも人生、寂しくありませんか……」

私はYの人生の告白とも言うべき話を、取材とはいえただ、聞くことしかできない自分に苛立っていた。返した言葉は「健康には留意して、出所できるという希望を捨てないでください」。言葉と同時に私は、Yの両手を握っていた。

支所の資料によれば、出所後の帰住先は「更生保護施設四四%、親族（家族、兄弟）二一%、残り三五%は帰住先なしで出所」。それぞれ、思い思いの場所に散って行く。

「帰住先については在所中からいろいろとアドバイスはしています。養護老人ホームへの斡旋、福祉センターへの一時入居の相談、最寄りの保護会への入居支援などですが、しかし、放浪癖のある連中ばかりですから、時間と規則で管理される施設で生活することが苦痛なんでしょう。わずかな娑婆の生活時間とはいえ、だれにも干渉されずに自由気ままに生きることが、彼らにとってはいちばん幸せなのかも知れませんね。わたしたち刑務官にできる出所後のサポートは、限定的なことだけなんです」（保安課長）

シルバー世代が老後も笈々として働き、〝年金〟だ〝生きがい〟だ、〝人並みの生活〟だと悩むのは、守るものがあるからではないのか。その点、失うものがほとんどない彼らは、片意地を張って人生を生きる必要もない。世間に気兼ねして生きる必要もない。彼らにとっての人生哲学は、自由奔放に生きることなのだ。刑務所のリピーターは累犯者が多い。〝自由〟について体験学習した受刑者こそ、〝自由の意義〟を理解しているのではないか。老後についてDは、こんな話をしてくれた。彼は単純殺人で服役していた。

「わたしは殺人で八年の実刑です。大正四年（一九一五年）生まれですから今年、六十八歳になります。刑務所に入ったのは今回で二度目。前刑は二十代のときに傷害で二年ばかり入っていましたが、だいぶ昔のことです。娑婆職は船員で、漁船の機関長をやっていましたが、今回の殺人は三角関係のもつれから女を出刃で殺《や》ってしまったんです。貢いだ金は三年で六百万でした。男はいくつになっても、女に夢中になってしまうんですな（笑）。

女房には今回の事件で、女がいたことがバレてしまい一騒動あったんですが、歳も歳だし、まあ、なんとか収まりました。刑が決まったとき、先のことをいちばん心配してくれたのは女房で、子供たちは面会にも来てくれませんでした。わたしはつくづく思いました。歳をとっても女房が傍にいてくれれば、人生、もう一度、やり直しがきくんではないかと……。

ここにいても、老後の生活は心配になりますが、最後はやはり、いちばん頼りになるのは、子供でもなく、長年連れ添った女房なんですよ。こんなところにいると、そのことが痛いほどわかるんです。わたしにとっての老後の人生は、女房と二人でやっていくことが、ただひとつの生きがいなんです。女房が身元引受人なので早く出たいですね。残刑一年少々、一級に進級したので仮釈も貰えそうです」

Y（だいぶ先の仮出所になるだろう）にしてもDにしても家族がいて、親族が身元引受人になっている。それに、帰住先も決まっていた。この二人はここに収容されている五一人の受刑者の中では例外といっていいのではないか。最後に取材したのはDより一歳年長のE。

罪名は「窃盗」。今回は自転車一台を盗み懲役二年の判決であった。Eは血色もよく、年齢を感じさせなかった。

「初犯は窃盗で五年の刑でした。戦時中のヤマ（犯行）なんで、〝戦時窃盗〟が付き、単純窃盗よりも刑が重かったんです。お陰といってはなんですが、戦後二十四年まで刑務所に入っていたもので戦地にも行かず、こうして生き延びてこられたんですよ。家庭をもったこともあるんですが、若いときは極道ばかりしていて、それで女房が愛想をつかして家を出ていってしまったんです。まがりなりにも所帯をもったのはそのときで、三十五のときでした。それ以来、ずっと一人暮らしで生活も荒れ、刑務所との往復人生がはじまりました。

気づいたときは、歳はとるわ、刑務所の数も浦和、府中、岡山、福岡、大阪、広島……と、あっちこっち回って、わたしは今回で七回目のオツトメなんです。常習累犯と名がつくと、自転車一台乗り逃げしても、二年はくらうんです。間尺に合いませんが、これも自業自得の結果で、天に向かって吐いた唾が自分の顔に落ちてきた。天網恢々《てんもうかいかい》の人生を歩んできた成れの果てが、刑務所歴七回になってしまった。他人には話せませんや（こちらも監獄太郎さんですね）。

刑務所生活も慣れると、それほど苦になりませんが歳をとったせいか、最近、寒さが辛くなってきました。でも、この地は真冬といっても暖かいので助かりますよ。年齢は六十歳以上になっているので、年寄りでここを希望するものが結構いるらしいんですが、官のほうにいろいろと規則があって、なかなか、入所できないみたいです。

ここの連中は皆んな小説何冊分もの人生を背負っている人間ばかりですが、一度は真面目な人生を経験し、やり直しを真剣に考えたこともあるんです。わたしもその口ですが、途中で人生列車が脱線してしまい、気づいたときにはやり直しのきかない歳になってしまった。世間には〝駆け込み寺〟なんて場所があるみたいなんですが、わたしたちにとってみれば案外、ここは〝緊急の駆け込み寺〟なのかも知れませんね」

五人の取材が終わったのは約束の時間を予定よりも三十分超過してしまった。三人目あたりから立ち会いの係長が壁に掛かった時計を気にしはじめたのは分かっていたのだが、老囚も話に熱が入り、係長の存在を忘れてしまうほど饒舌になっていた。係長も最大限、時間を延ばしてくれたのだろう。終わったときは夕食の時間になっていた。工場の方から点呼の声が聞こえてきた。に、さん、よん……。やがて、掛け声は木霊になって消えた。

（取材は一九八四年十月。「犯罪白書」の数字と支所の数字は取材当時のもの）

＊

私は縁があって貴重な「刑務所取材」を体験する機会に恵まれた。それ以来、〝老人受刑者〟の実情に関心をもち、雑誌に十年以上に亘って出所者の記事を書いてきた。そして今回、〝漂流する老人受刑者〟たちの現状について、あらためて取材する機会に恵まれた。〝武器〟は長年培ってきた人脈と確かな情報ソースの復活であった。

初取材の「呉刑務支所」の取材ノートを保存していたので、その時代の〝老人刑務所〟の実態について明かすことも、本書のテーマに沿ったルポ記事と判断してまとめてみたのが、本稿である。ノートを読み返してみると、緊張しながら受刑者の言葉を聞き逃すまいと、必死になってメモをとっていた記憶が蘇ってきた。それから三十数年が経った。社会の変動も激しい。

また、老人を巡る環境も当時と比べ激変している。私は二〇一九年、喜寿を一歳、超えた。

## 今日の老人を取り巻く社会環境

では、現代の〝漂流する老人受刑者〟たちの置かれた刑務所生活と社会環境は、どのような状況にあるのか。まず、その視点から考えてみた。

今日の日本があるのは先達のおかげだ。しかし、昨今の社会風潮はその先達たちへの感謝の気持ちを忘れ、邪魔者扱いにし、社会的弱者として見下している。それは「漂流老人」「下流老人」「万引老人」「暴走老人」などの言葉として発信され、かつて一家の〝大黒柱〟として家族を支え、職場のエースとして人生を送っていた企業戦士たちはリタイア後、いまでは死語になってしまった「悠々自適」の生活を送ることもできたが、今日ではそれらの老人たちを社会の片隅に追いやってしまった。

一方、人生ゲームに勝利した〝勝ち組〟の老人は優雅な余生を送っているものも多く、老人世代も〝上層階級と下層階級〟に二分化されてしまった日本は、老人が生きてゆくには過酷な社会だ。最近の社会用語として「８０５０問題」「老人犯罪」「暴走老人」といった言葉が、メディアに頻繁に登場してきた。

二〇一九年（令和元年）のわが国の総人口は一億二六一七万人。そのなかで六十五歳以上の高齢人口の占める割合（高齢化率）は二八・四％、三五八八万人（男一五六〇万人、女二〇二八万人）になった。ちなみに、「呉刑務支所」を取材した時代の総人口は一億一九四八万三〇〇〇人。六十五歳以上の高齢者は一一六七万二〇〇〇人（男四八五万一〇〇〇人、女六八二万一〇〇〇人）で、全人口に占める高齢化率は九・八％であったが、三十五年で高齢人口は三倍強に増加している。

また、現役世代（十五～六十四歳）の生産（労働）人口は七七〇八万人。この生産人口も出生率の低下と高齢者の増加で年々減少し、将来的には日本の人口構造は団塊の世代が七十五歳以上になる二〇二五年には、予測総人口に対して高齢者人口が三六五七万人の推計が出され、〝老人大国〟になっているが、実態は老人が切り捨てられる〝貧困大国〟になっているのではあるまいか（数字は国立社会保障・人口問題研究所の統計推定による）。

三六五七万人の老人が生活を維持するために必要な収入は働くことで得るとはいえ、過半は低年金に頼ることになるだろう。だが、その年金すら納付月数が足りずに受給資格を喪失している「無年金」の人たちがいる。その数は二〇一七年末で五〇万人。働くといっても高齢者の仕事は限られてしまい、職を得るのも厳しいのが現実だ。生活困窮高齢者世帯は二〇二五年には四〇〇万世帯を超える予測が出されており、これだけの高齢者世帯が地域社会のなかで暮らしているはずだ。統計からは生活の実態は見えてこないが、生活困窮者がまちがいなく巷に存在し、〝漂流する老人〟たちが社会の大きな負担になることを数字は如実に示している。〝老人大国＝貧困大国〟の日本は、東京オリンピックが終わったのちには、確実に出現するのではあるまいか。

本書はその〝漂流する老人〟の姿を「刑務所」に収容されている受刑者の現状から、出所後の「生き方」「生活実態」について取材し、「社会と老人受刑者」の関わりを追ったノンフィクションである。漂流する老人たちは「独居生活、生活保護、自殺」という現実に直面している。さらに、生活の安全圏を求めて「刑務所志願者」の老人が、近年、増加の一途を辿っているという現実。

刑務所に収容されている「老人受刑者（六十五歳以上）」も、年々増加し十年のスパンで見てみると二〇〇七年（平成十九年）の全受刑者「七万九八九九人」に対して高齢受刑者は「一八八四人」で全体の二・六五％。二〇一七年（平成二十九年）は同「四万七三三一人」に対して同「二一七八人」で全体の四・八一％を占めている。また、顕著な特徴は七十歳以上の受刑者が急増したことだ。その比率は十年前に比べて四・八倍に増加した。さらに、再入所率（再犯者）は七割を超えている。そのなかには「クレプトマニア」（病的窃盗）の受刑者が相当数含まれている。

出所受刑者の出所事由別５年以内再入率（年齢層別）(平成25年)

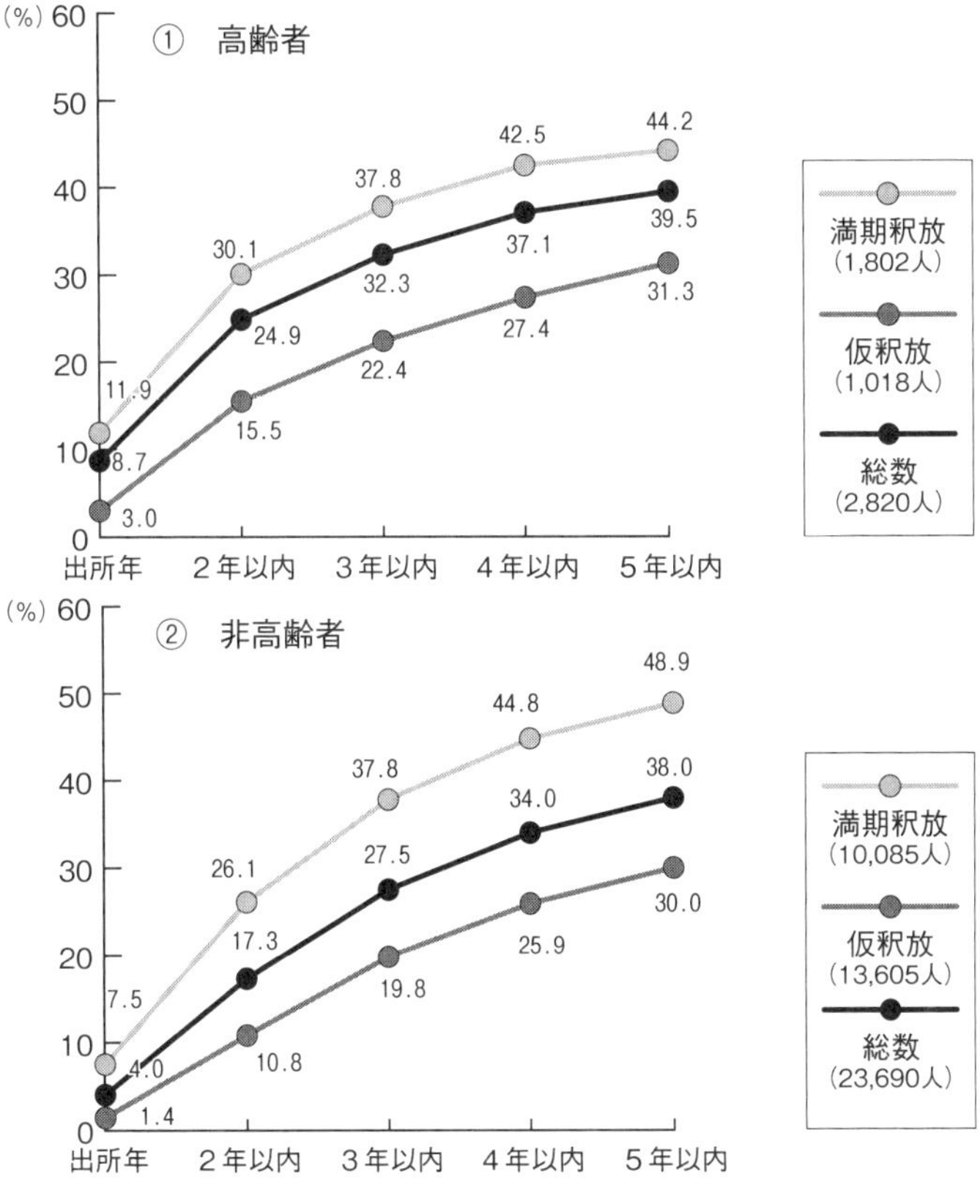


注　1．法務省大臣官房司法法制部の資料による。
2．前刑出所後の犯罪により再入所した者で，かつ，前刑出所事由が満期釈放又は仮釈放の者を計上している。
3．「5年以内再入率」は，平成25年の出所受刑者の人員に占める，同年から29年までの各年の年末までに再入所した者の人員の比率をいう。
4．前刑出所時の年齢による。再入者の前刑出所時年齢は，再入所時の年齢及び前刑出所年から算出した推計値である。

出典：『平成30年版犯罪白書』法務省法務総合研究所編

同年の出所者は二万三〇八六人（満期九一五九人、仮釈放一万二七六〇人、その他）で、そのうち六十五歳以上の高齢者が二九〇〇人（満期一七六一人、仮釈放一一三九人）。帰住先は「家族や親族、知人」の許に六割。残りは「保護会や福祉施設、病院」などであった（平成三十年版「犯罪白書」）。

この数字を見ても分かるように刑務所人口は全体的に減少傾向にあるが、特徴として「老人受刑者」だけが増加している。では何故、老人受刑者が増えているのか。それは、社会からスポイルされた環境のなかで生活を維持する手段を見失ってしまったからではないのか。そして「衣食住」を保障してくれる刑務所生活を選択してしまう。彼らにとって刑務所が唯一の「安全圏」なのだ。その安全圏を求めて再犯を繰り返す。そこに刑務所が「老人施設化」していると、社会の批判を浴びるのだ。かつては〝凜〟として社会の第一線で活躍した先達たちが「刑務所志願者」になってしまったとは――。

当然、理由があって「刑務所」に入ったわけだ。それは「犯罪」の代償として「刑務所暮らし」になったわけだが、出所して社会に出れば日常生活が待っている。その「生活」こそ、本来は「終の棲家」に直結する暮らしなのだが現実は厳しい。

「老人受刑者と社会」。本書は、そのテーマに力点をおいて取材した現場報告のルポになっている。「老人問題」を「塀の中と外」から検証した本書を、お読みいただいた読者が、「老人受刑者」について考える一助になれば、著者として望外の喜びを禁じえない。

## 再犯防止に向けた施策とは

二〇一六年十二月に「再犯の防止等に関する法律」（再犯防止推進法）が成立・施行された。そこには「五つの基本方針」と「七つの重点課題」が示されている。提示目標を見るかぎり「目標を達成」できれば、出所者の社会復帰は社会共同体の一員として参加して、差別されない社会人として復帰できるはずなのに、現実の社会はそれを許していない。

〝前科者〟の烙印を押され、出所後の生活に社会的制約を受けて生きてゆかねばならぬ出所者も多いはず。そこには、本人の努力だけでは解決できない問題も多くあり、とくに、高齢受刑者の生活環境は若年者と比べて過酷といえるのではないか。

国も再犯防止策の一助として「出所者等就労奨励金支給制度」（二〇〇六年に法務省と厚生労働省が連携してできた制度）を立ち上げ、出所者を採用する「協力雇用主」に対して「奨励金」（一例として雇用開始から六ヶ月間までは月額最大八万円）を支給して、再犯者の雇用確保に協力してもらう制度を設立。また、〇八年には雇用主の全国組織として「NPO法人・全国就労支援事業者機構」が活動を始めた。登録企業は二〇一八年二月現在、二万七〇四四社。だが、実際に出所者を採用した企業は八八七社（四・二八％）に過ぎず、就労先は建設、飲食、運輸業が大半で現場の仕事である。同機構の幹事会社にはトヨタ自動車、日立製作所、鹿島建設、キヤノンなど超大手企業が名を連ねているものの、出所者を雇った実績はないようだ。

保護観察所に求人登録をした「協力雇用主」は、前出機構の地方支部を通じてハローワークに専用求人票を提出して、特定の求職票から求職者を選別することになる。この「特定の求職票」には求職者の個人情報「刑務所入所中、保護観察中、出所から六ヶ月以内」等が記されていて、「協力雇用主」以外はアクセスできない仕組みになっている。プライバシーに関する情報だけに制限措置は当然のことだ。

実例として、二〇一七年六月に福島保護観察所内で取材した、市内で運送業を営む「スナンエキスプレス」社長・宮崎泰明氏のインタビューを載せておく。

「三一人のドライバーと四一台のトラックで事業を営んでいますが、過去に四人の出所者を採用しました。現在、一人が頑張ってドライバーの仕事をしています。三人は個人的な事情があって退社しましたが、在職中は問題を起こしたことはありませんでした。残念なのは保護観察期間が終わると退社してしまうので、長続きする人がほしいですね。

今、残っている人物は長距離の仕事もさせていて、真面目にやっています。住居は会社が借り上げたアパートで、そこで生活しています」

協力雇用主に登録した理由を尋ねてみた。

「なにか社会貢献できることはないかと知人に相談したことがあるんです。五年前です。それで『制度』のことを教えられて保護観察所に登録しました。採用条件は、〃過去（犯罪事実）のことよりも将来に目標をもつ人間〃を選んでいます。それと、彼らと親しく話してみると共通しているのは〃愛情に飢えている。人に信頼された経験がない〃といった過去の生活歴なんですね。わたしができることは、彼らを信頼しているという態度を示す。例えば〃長距離の仕事も与える〃といった日常業務のスケジュールをシフトに組むんです。すると、彼らは応えてくれます。出先からは指示しなくても連絡は頻繁に入り、業務報告をしてきます。その態度を誉めると喜ぶんです。信頼関係を相手も強く感じるんですね」

宮崎氏は、これからも三十代のやる気のある出所者はどしどし採用したいと抱負を語る。そして付け加えたのは「来るものは拒まず、去るものは追わず。適材適所で本人の能力を生かしたい」という企業ポリシーであった。しかし、高齢者の採用については「ドライバーの仕事はベテランでも、勤務がきついので難しいです」と否定的であった。

宮崎氏は率直な意見を聞かせてくれたが、採用する年齢は仕事柄、二十〜三十代の若手の求職者に限られていた。「運送業」という仕事はハードな現場仕事だ。とても高齢出所者が働ける職場ではない。「建設業」も然り。高齢出所者の就労先は、きわめて限定されてしまうのが現実なのだ。
「協力雇用主」と「出所者」の就労実態について法務省保護局は昨年、初めてアンケート調査を実施した。六〇三社からの回答は就労期間が「二週間以内六・四%、三ヶ月以内一八・九%、六ヶ月以内二〇・七%、一年以内二三・八%、五年以内一九・九%、五年以上五・八%、無回答四・五%」で、出所者の勤務態度については「無断欠勤五三・四%、遅刻などの常習三四・九%」。さらに「人間関係が築けない」「同僚とのトラブル」などが指摘されている。だが、数字には見えてこない問題もあるのではないか。それは、「給与」「労働時間」などで出所者と雇用主の間で正当な労働契約を結んでいないということも、ありえるのではないか。それが、出所者の離職の原因とは考えられないか。また、この調査では「年齢別」の定着率が統計化されていない。出所者の「年齢」は就労期間にしても、勤務態度にしても基本的なデータになるはずだ。

出所者に対する保護行政の所管は法務省保護局で、現場機関として全国の地方裁判所管轄区内に「保護観察所」(駐在官事務所を含めて、二〇一九年十一月現在八十四ヵ所)が設置されていて、職員の「保護観察官」が出所者の更生に保護司と協力して社会復帰の支援を担っている。それと、「保護観察所」以外にも観察官が常駐する出所者のための就業支援センターが北海道沼田町と茨城県ひたちなか市にあり、観察所直轄の「自立更生促進センター」が福島県福島市と福岡県北九州市に設置されているが、かつて、福島市の施設の建設を巡って地元民と保護観察所との間で対立騒動が起きたことがあった（拙著『ルポ　出所者の現実』〈平凡社新書〉に詳述）。

## 老人大国になる日本の未来像

二〇一七年には、刑務所に収容されている老人受刑者は二二七八人で、年々、増加し「再犯者」が増え続けている。そして、受刑者も高齢化が進み刑務所の「福祉化」「老人施設化」の問題が、社会的関心事になってきた。

前掲の数字にある二二七八人の罪名とはどんなものなのか。七十歳以上の第一位が窃盗で五四・二％。次いで覚醒剤取締法九・四％、詐欺七・二％。そして、時代を反映して道交法違反が八・四％で、詐欺を上回っている。トップの窃盗は「万引と自転車盗」で九〇％を超えているが、この「万引」は二〇〇〇年代には少年犯罪の看板罪名になっていた。だが、今日では老人犯罪の主役として位置づけられている。二〇一七年の警察庁資料（警察白書）によれば検挙者は未成年者（十四〜十九歳）七五五二人、六十五歳以上が二万六一〇六人で、高齢者が未成年者のざっと三・四五倍の数値。犯行場所は主にスーパーやコンビニであった。

私は「出所老人」の、その後についても「更生保護施設」を取材したが、そこには、「老人大国」の陰に隠れて生きる、「刑務所リピーター」の多くの人たちが生活していた。生々しい証言は、数字では見えてこないリアルさを感じた。また、現場（刑務所）にも足を踏み入れて「高齢受刑者」の実情も取材し、看護師、処遇担当の刑務官や福祉専門官の話を聞き、支援ネットワークのひとつである「地域生活定着支援センター」も訪ねて、「出所者支援活動」の実情もつぶさに見聞してきた。

さらに、学者、元矯正局長、出所者を対象にした求人誌の発行人も取材して「老人出所者」の置かれている現実の姿を追ってきた（各章で詳述）。そして、出所者に対する「社会復帰へのサポート」が、地味で社会の関心外にあることを初めて知った。仕事とはいえ担当者は黙々とルーティンワークを日々、こなしている。その姿を見聞して私は頭の下がる思いであった。

「老人受刑者と出所後の彼たち」の現実の姿は、本書にすべて詰まっている。序章を手がかりに「異郷の世界」を探索してみていただきたい。きっと、罪を犯した老人たちが、身近な存在にあることに関心が向くと思う。

刑務所には自由も快適さもないが、飢えも身分差別もない。それ故、高齢再犯受刑者にとっては「最後の居場所」（福祉施設・介護施設）になってしまった。いいかえれば、「社会的弱者」を一時的にしろ受け入れてくれる施設が、刑務所なのだ。だが、〝出所〟という時がくれば、彼らは社会に戻ってゆく。

## 高齢入所受刑者の罪名別構成比（男女別）

（平成29年）

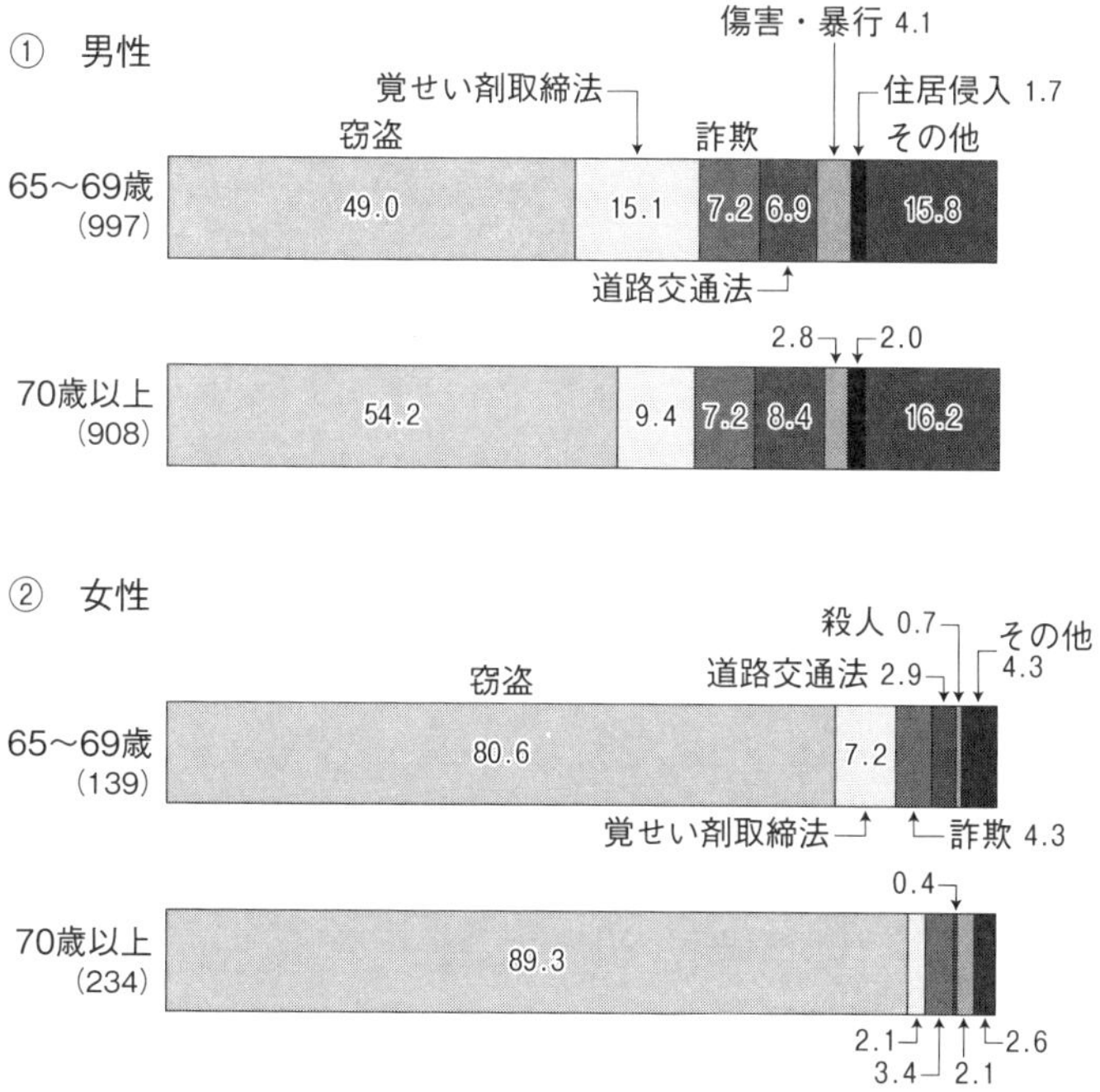


注　1．矯正統計年報による。
　　2．入所時の年齢による。
　　3．（　）内は，実人員である。

出典：『平成30年版犯罪白書』法務省法務総合研究所編

しかし、「高齢者の再犯」はスパイラル現象になってきた。「生活困窮—犯罪—逮捕起訴—裁判—収監—出所」。このサイクルを断ち切るためにはどのような社会的支援が必要なのか。また、支援ネットワークとは、どのような組織なのか？

本書は「その先に何があるのか」といった分野まで踏み込んで取材した現場報告である。しばし、私のフィールドワークにお付き合い願いたい。

# 第一章　東日本成人矯正医療センター訪問記

## どんな施設なのか

東京都昭島市に法務省の「国際法務総合センター」が開設されたのは二〇一七年九月。敷地内には「東京西法務少年支援センター」（以下、少年支援センターと称す）、「東日本少年矯正医療・教育センター」（以下、少年医療センターと称す）、「矯正研修所」「公安調査庁研修所」「国連アジア極東犯罪防止研修所」などの施設が集約されており、エリアの一角に一八年一月「東日本成人矯正医療センター」（以下、成人医療センターと称す）が開庁した。

医療センターは廃庁になった「八王子医療刑務所」を整備、拡充してつくられた施設で、少年医療センターは「関東医療少年院と神奈川医療少年院」を廃庁して新設された施設。また、少年支援センターは「八王子少年鑑別所」を廃庁して、東京西少年鑑別所として新設された。

少年鑑別所とは、「犯罪や非行を行い、家裁に送致された少年（十四歳以上二十歳未満）を審判開始前に犯罪に至った背景や動機について鑑別調査する拘禁施設で、鑑別所は調査結果を家裁に報告する。収容期間は最長八週間」。このような施設として運用されている。

昭島市は東京の西郊に位置し、立川市の西側に接する人口一一万人の街だ。成人医療センターは新地名の「もくせいの杜《もり》」地区に新設されていた。最寄駅は青梅線の東中神《ひがしなかがみ》、新宿から青梅線直通の快速電車で四十五分の距離。

私が、ここを取材先に選んだのは「高齢受刑者（患者）がどのような環境のなかで刑を執行されているのか」を見聞し、「受刑者へのインタビュー」を行うことが目的であった。

東口から商店街を通り抜け、片側二車線の都道一五三号線に出た。北に十五分ほど歩くと道路の左側に目新しい建物群が見えてきた。反対側は「国営昭和記念公園」の広大な敷地が広がっている。成人医療センターは一見すると、刑務所とは思えない建物だが、中へ入るには警備員の厳しいチェックがあった。「どこへ行かれますか」「面会相手はどなたですか」「約束されていますか」等々、質問されて面会票に必要事項を記入する。警備員の対応は、紛れもない「刑務所」の施設警備そのものであったが、建物の周囲には刑務所を象徴する高い〝コンクリ塀〟はつくられていなかった。

二〇一九年七月下旬。当日は三〇度超えの夏日で、駅から歩いてきたのでポロシャツが汗で背中に張り付いている。案内役の堀博詞調査官の部屋で施設の概要説明を聞く。エアコンの冷風が気持ちよく、一息ついた。堀氏の刑務官としての階級は「矯正監、矯正長に次ぐ『矯正副長』」。年齢は四十代半ばか。

一般刑務所とは異なり、高い塀に囲まれていない

一言一言、噛み砕くようにしての説明。おそらく、施設の来訪者には、同じような口調で説明しているのだろう。広報マンとしてなかなか、優秀な人材のようだ。こちらの質問にも気さくに答えてくれるが、慎重なのは「数字」の説明であった。

数字から、施設の規模を拾ってみる。

医療刑務所は他にも「岡崎、大阪、北九州」の三箇所に置かれているが、成人医療センターは病院施設として認可されている日本最大の医療刑務所。医師二四名、看護師九六名。その他臨床検査技師など医療スタッフ一五名。診療科目は「内科、外科、口腔外科、整形外科、泌尿器科、婦人科、精神科」など十二科目で、総合病院並みの診察と治療を受けることができるが、ここは「矯正医療施設」という特殊な環境で患者（受刑者）の治療やリハビリを行っているので、一般外来患者の診察や治療は受け付けていない（データは取材時点のもの）。

「矯正医療」について刑事収容施設法第五十六条〝保健衛生及び医療の原則〟は、次のように定めている。

「刑事施設内においては、被収容者の心身の状況を把握することに努め、被収容者の健康及び刑事施設内の衛生を保持するため、社会一般の保健衛生及び医療の水準に照らし適切な保健衛生上及び医療上の措置を講ずるものとする」

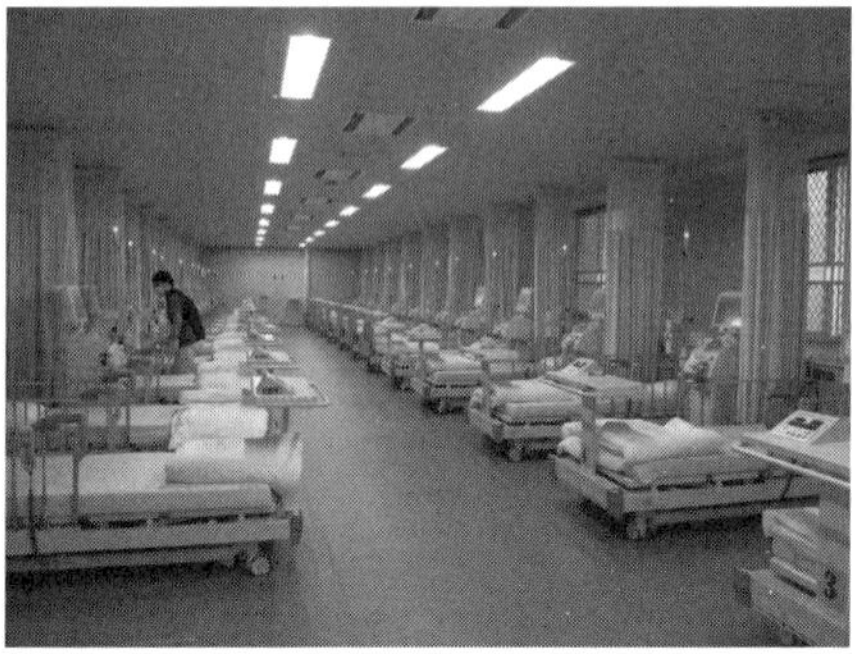

25台のベッドが並ぶ人工透析室（別室にも5台設備されている）

この第五十六条について、調査官は、現況を説明する。

「ここは、刑務所の医療専門施設として内科、外科、精神科を中心に専門医が看護師等の専門職員や准看護師（刑務官）と協力してMRI、CTスキャナー、超音波診断装置などの医療機器を使って診察と治療を行っています。人工透析室は三〇人が一度に透析できる設備を備えています。また、理学療法士によるリハビリの介助などもしています。それと、電子カルテも備えていて、隣接する少年施設とは患者の情報を共有するシステムも構築されています。昨年一年間に処置した手術の件数は八十二件で、喉頭の全摘出や大腸ポリープ切除などのオペも行っていました。ここは医療施設ですが収容しているのは受刑者だけなので、刑務所としての動作時限が決められています。収容定員は五八〇名ですが、現在（七月の数字）は男女合わせて患者は二四九名を収容。身体疾患（P級）が一六四名、精神疾患（M級）が八五名。その他、一般受刑者四四名が働いています。五月末の数値ですが患者の平均年齢はP級が男六十三・八歳、女五十五・五歳。M級男四十七・八歳、女四十六・一歳。最年少者は二十三歳で最高齢者は八十六歳になります。それと、収容者の平均刑期は無期を除いて四年一月になっています」

説明のなかで一般受刑者四四名の数字が出たが、この受刑者たちはどのような仕事をしているのか。

「彼らは健常者で刑が確定した初犯受刑者のなかから選別されて、ここに来ています。仕事は患者の世話と雑務をこなしています」

数字の説明が終わったところで、私は以下の質問をしてみた。

・患者はどのようなルートでここに搬送されてくるのか。
・高齢受刑者の患者は何人収容しているのか。
・医療費の患者負担はあるのか。

「東日本管内の各地の刑務所や拘置所で治療を受けている受刑者のなかで、現地施設では対応が困難な患者が搬送されてきます。また、西日本管内であっても大阪医療刑務所では対応できない場合は、当センターで引き取ることもかなりあります。

それと、収容患者は無期懲役受刑者、長期刑受刑者、高齢受刑者、女子受刑者、外国人受刑者など様々で、初犯者も累犯者もいます。患者のなかで六十五歳以上の高齢受刑者は〝P級〟、〝M級〟合わせて八七名になります。医療費ですが、受刑者は健康保険の対象外なので全額国庫負担です」

刑罰を執行され強制的に刑事施設に収容されている受刑者の医療措置は、健康保険の適用外であれば患者の医療費は国が全額負担するのは当然であろう。また、収容されている患者は「高齢受刑者」に限らず、心身に欠陥が生じた受刑者も収容している施設ということが、理解できた。それにしても、高度医療を支える医療機器や高価な薬剤を患者に投与している、ここの年間医療費は相当な金額になるのではあるまいか。その点を質してみたが、堀氏は即答せずに、

「数字が手元の資料にないので調べて後日、連絡させてもらいます」

と、答えた（後日、回答のあった数字は医薬品、検査試薬、輸血用血液等で約一億六六〇〇万円、その他検体検査費で約六〇〇万円。数字は平成三十年度の実績額）。

〝P級〟、〝M級〟に限らず、刑務所では処遇指標を定め、受刑者を以下のように分類している。

W＝女子
F＝日本人と異なる処遇を必要とする外国人
I＝禁錮の受刑者
J＝少年院への収容を必要とする十六歳未満の少年
L＝執行すべき刑期が十年以上の者
Y＝可塑性に期待した矯正処遇を重点的に行うことが相当と認められる二十六歳未満の成人
M＝精神上の疾患、又は障害を有するため医療を主として行う刑事施設等に収容する必要があると認められる者
P＝身体上の疾患、又は障害を有するため医療を主として行う刑事施設等に収容する必要があると認められる者
D＝拘留受刑者

この処遇指標に従えば、ここは「PとM」に指定された受刑者と、「W、F、L、Y」に該当する受刑者も収容している施設ということになる。

女子といえば、今年七十三歳になった新左翼の活動家で元日本赤軍の最高幹部だった重信房子が、「抗がん剤による治療」を受けながらここで闘病生活を送っている。彼女は二〇一〇年七月十六日に最高裁で上告棄却の判決（逮捕監禁、殺人未遂の共同正犯）が出て、懲役二十年の刑が確定したが、裁判では未決拘留約三年が実刑に算入されたので実質十七年の服役となった。八王子医療刑務所から移送されたのは二〇一八年一月十四日である。

彼女の支援団体「重信房子さんを支える会」が発行している『オリーブの樹』には、日誌が公開されているので近況を知ることができた。

〈午前中待っていた新聞が届いて〝辺野古「反対」7割超〟「玉城知事の得票超す」投票率は52・48％と一面に朝日新聞。当然反対が多いと思いましたが、投票率と反対の得票がどの位かな、と気になっていました。沖縄の民意が他の県の県議選や知事選などよりも高い投票率でしっかり反対を示したこと、大変有意義です。読売新聞では一面の扱いは小さく、投票率が低いとか影響ないなどの論調で、問題を小さく扱おうとしています。米本土と日本の沖縄県外の市民の共感を育て、反対を現実のものにと願うばかりです。工事も軟弱層の地盤改良に7万7千本の杭が必要だとか、計画自体が無理押し続き。断固とした姿を見せるべきは、沖縄県にではなくトランプ政権になのに、官邸は何をしているのか……〉（一四六号　二〇一九年六月二日号）

闘病生活を続けながらも社会の動向には関心が高く、「日本の政治不信」には怒りを露にした心境が綴られていて、彼女の活動歴が髣髴《ほうふつ》としてくる社会観察が読み取れる。新聞は「朝日、読売の二紙」を購読しているようだ。しかし、残念ながら重信との面談はできなかった。

「数字の説明だけでは退屈してしまうでしょう。これから、施設の中を案内しますが、携帯はこちらに預けてください」と施設内に持ち込むことを禁じられたが、ノートと筆記具、デジカメの持ち込みは許可された。これから、戒護区域内の取材が始まる。受刑者の動作時限表を掲げておく。

起床　7・30（一般受刑者7・15）
点検　7・40（同　7・30）
始業　―（同　7・50）
朝食　8・00（同　8・00）
安静時間　9・00
昼食　11・50（同　12・00）
安静時間　13・00（同　終業16・20）

夕食　16・20（同　16・30）
点検　16・55（同　16・55）
余暇時間　16・55〜21・00（同　16・55〜21・00）
就寝　21・00（同　21・00）
※一般受刑者の休日の時間＝起床7・30　点検7・40　朝食8・00　昼食11・50　夕食16・20
点検16・55　余暇時間16・55〜21・00

クリーム色で塗られた壁や通路は清潔感が感じられた。もちろん、窓にはすべて鉄格子が嵌められてはいる。刑務所だから当然だ。A棟、B棟の各階をエレベーターを使って移動するのだか、現在地がどこなのか、さっぱり分からない。部屋のドアにはプレートが貼られていて、部屋の使用目的が分かるようになっているのだが、私にはよくは分からなかった（ドアの解錠は暗証番号と指紋照合でタッチパネルを使う）。それに、各階の出入口のスチール製の分厚いドアは施錠されていて、開けるには職員が貸与されている〝鍵〟を使うが、閉じるのはオートロックになっていた。

この貸与されている〝鍵〟は、非常時に混乱しないための職員共通の〝鍵〟なのであろう。

廊下には患者が数人いたが、職員が外来者との接触を避けるために、患者の移動が終わるまで

厨房の準備風景。民間業者に委託されている

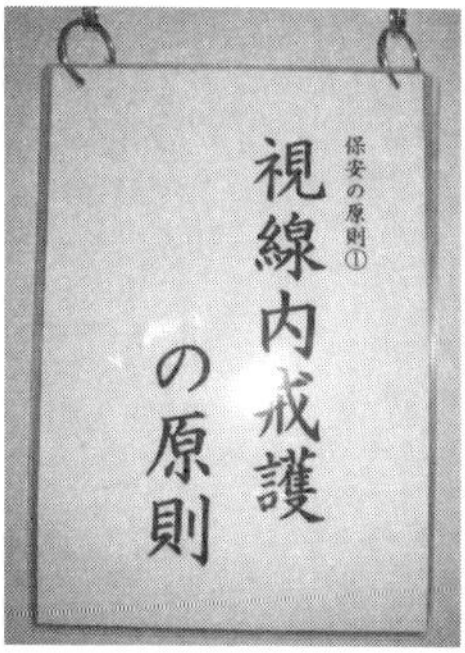


刑務官の心構え「視線内戒護」の掲示

こちらの入室を中断する。患者のプライバシーを考えての対応なのであろう。一〇メートル先では移動した患者が白衣を着た看護助手に車椅子を押されて診察室に入っていった。

ドアの横の壁にはパソコンでプリントした標語が掲げられていた。「視線内戒護の原則」。この標語は、ここがまぎれもない「刑務所」であることを強く印象づけた。

患者の生活部屋（単独室）も案内してもらった。窓はすりガラスで鉄格子が嵌められているが、部屋の広さは一・五坪ほどか。個人用のロッカーとベッドが置かれ、剥き出しの水洗トイレの便器が備えてある。入口のドアは大型ベッドが入れられるように仕切られていた。部屋にテレビでも置けばビジネスホテルの部屋に様変わりしてしまう。室内の壁はクリーム色に塗られ、床は不燃性のビニールタイル仕様。人口透析室、配膳室や衣類・寝具の乾燥室、リハビリルーム、手術室、カウンセリングルームなども見学させてもらった。全棟に空調設備が完備されていた。

## 二人の患者受刑者インタビュー

次は受刑者とのインタビューになった。面談したのは処置室で、応じてもらったのは二人。最初は八十三歳の杉下仁（仮名）。患者着はライトブルーの上下で、履物はウレタン製の黒色のサンダル。立ち会いの刑務官は部屋の外で待機してくれる。これで、気兼ねなく質問ができそうだ。自己紹介をしてもらった。

「名前は杉下仁と言います。三人姉弟の末っ子として京都で生まれました。今年八十三歳になりました。初犯は二十五歳のときで、築地の魚河岸で小僧として働いているときに店の冷蔵庫の商品を盗んで五十万くらいの金で売っ払って、窃盗で捕まったんです。裁判で実刑判決が一年ちょっと言い渡され小菅《こすげ》刑務所で服役しましたが、正確な刑期は覚えてないんです」

二十五歳で初犯とは、五十八年前の事件ということになる。一九六一年（昭和三十六年）は東京オリンピックが開催される三年前である。この年の大事件は精巧な「偽千円札チ37号」が発見され、日本中が大騒ぎした。殺人事件では三重県名張市で起きた「毒ぶどう酒事件」。この事件は〝冤罪説〟が指摘されたが、逮捕された奥西勝は二〇一五年十月に八王子医療刑務所で獄中死（八十九歳）。また、株の世界では東証ダウ平均（一八二九円）が四十五円七十二銭安で大暴落。勤労世帯の平均月収が四万円であった。その時代の五十万円は大金である。小菅を出てからの刑務所はどこで服役したのか。その後の経歴を語ってもらった。

「出所してから真っ当な生活をした時代もあり、調理師免許も取ってレストランや食堂で働いたこともありましたが、身を持ち崩したのは〝ギャンブル〟なんです。ボート（競艇）が大好きで多摩川や戸田は自分の庭みたいなもので、よく通ったものです。

刑務所は他に府中、川越少刑、静岡、新潟と四ヵ所で務めてきました。事件は〝窃盗〟ばかりでした。ここに来たのは昨年二月で、新潟から送られてきました。病名は『前立腺肥大症と椎間板ヘルニア』、工場で作業中に突然、倒れてしまい救急車で外の病院に運ばれました。入院して小康状態になると刑務所の病舎に戻されたんですが、歳も歳ということで治療に専念するため、ここに移送されてきたんです」

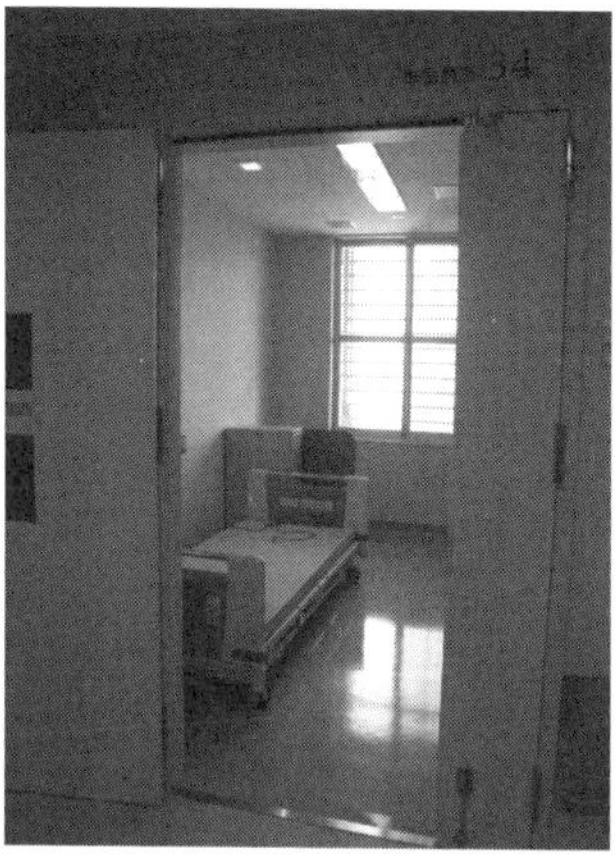

単独病室。ストレッチャーが入るように、扉が左右に開く

小菅刑務所で服役したとは大昔のことになる。現在の東京拘置所は戦後、一時的に巣鴨から小菅刑務所内に移されたが、GHQから返還されると

巣鴨の地に戻った。そして、「小菅刑務所」は、そのまま存続して一九七一年には栃木県那須郡大田原町（現在の大田原市）に「黒羽《くろばね》刑務所」として新設された。杉下が小菅刑務所に収監されていたのは一年余として、今から五十六、七年前ということになる。では、現在の心情は如何なものなのか。

「刑期は二年二月で出所は来年一月二十三日です。あと、半年で出所ですが生活が心配です。引受人は姉がなってくれますが歳も歳で、身体の方もあまりよくないんです。ですから、姉の家にはそう長く居ることはできません。生活保護を申請して今後の生活のことを考えようかと、今から思案しています。この歳では、調理師免許を持っていても、どこも使ってくれないでしょう。年金もなしで、この先、どうして生活していけばいいんですかね」

ここでの生活について質問してみた。

「環境がよくて、なんもかんも新しくて個室の生活は快適ですが、正直、新潟と比べると食べ物は不味《まず》いです。病人食ということで、レトルトみたいな味なんです。病気を治療してもらっている懲役が、こんなことを言うのは贅沢ですかね。わたしは八十三ですが、まだボケてはいません。なかには結構、ボケ老人もいますが、私は出るとき自分の足でシャキッとして出ていきますよ。ですがね、うつ状態になると、このまま、ここで生涯を終えてしまうのかなんて、憂鬱になることもあるんですが、ここの生活は娑婆の病院暮らしと同じですよ」

杉下は来年一月には「自分の足でシャキッとして出ていきます」と語っているが、反面、出所後の生活に不安を覚えている。姉に引き取られ当面は姉の家で生活するとしても、いずれは生活保護の世話になると、先を読んでいた。仕事と言っても現実は八十三歳の老人が働ける職場は、おいそれとは見つからないだろう。となれば、生きるために再び窃盗事件を起こして「刑務所に逆戻り」ということも現実の問題だ。

ここは医療刑務所で収容しているのは「患者」の受刑者だが、杉下はここの生活を「病院暮らし」と語っている。確かに生活環境は外の病院と比べても変わらないだろう。〝P級〟患者に指定された受刑者だ。平均年齢は男六十三・八歳、女五十五・五歳で、患者は症状に応じて治療、介護を受けている。この措置が一般病院の医療水準と同等なのかどうかは、私には分からない。だが、病人である以上、刑事収容施設法第五十六条に規定されているように、受刑者の医療措置をとらなければならない。病人のリピーターは一般刑務所と比べれば少数派であろうが、他の刑務所からの移送患者が増えつつあるのが実情なのだ。

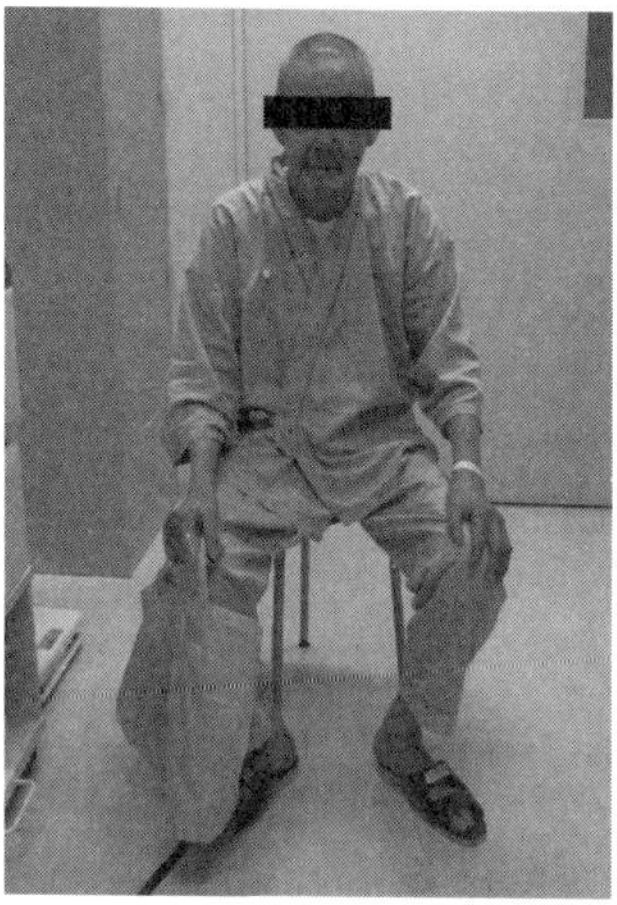

インタビューに答える杉下仁さん（83歳・仮名）

杉下とのインタビューは、小一時間続いた。パイプ椅子に腰掛けて時折、右手を坊主頭にやる。質問に対する答えは、考えながらもハキハキとしている。八十三歳でも記憶はしっかりしていた。とくに、〝ギャンブル〟のことは鮮明に覚えていた。競艇の話になると目を輝かして言葉が続く。来年一月で彼はここを出所することになるが、胸のうちに秘めた本心を語ってくれたのだろうか？　それとも、私の言葉や態度を逆に観察していたのだろうか。印象に残ったのは「過去の経歴をいろいろと質問」する、こちらの言葉にも嫌なそぶりも見せず、両足をきちっと揃え、視線をそらさずに私の顔を直視しながら話す、その態度であった。

二人目のインタビューは大谷義人（仮名）。七十一歳の無期懲役囚だ。舌に裂傷を負っているので言葉は聞き取りづらい。舌がもつれて、うまく発声できないようだ。傍らに堀調査官が付いて言葉を補足してくれる。ここに収容されたのは二〇一八年八月十六日。身長は一メートル五〇センチ程度か。私の顔を正面から見据えて話し始めた。眼鏡を掛けた表情は終始、ニコニコしていた。患者着は杉下と同じものを着ていて、履物はウレタン製の黒色のサンダル。患者は同じものを支給されているのだろう。ゆっくりと、問いかけた。

――お名前とお歳を聞かせてください。

**大谷**　大谷義人と言います。歳は七十一です。

――罪名はなんですか。それと刑期は？

**大谷**　殺人と強盗未遂、強姦未遂も付いて「無期懲役」です。

――ここでの生活はどうですか。

**大谷**　不満はありません。看護師さんも、職員の人たちも大事にしてくれています。

――刑務所は何回、入ったんですか。

**大谷**　私は今回の事件で刑務所に入ったのは初めてです。

――初犯で無期懲役とは、厳しい判決でしたね。事件はいつ起こしたのですか。

この問いかけに対して大谷は身体を前屈みにして乗り出す姿勢で、真剣に説明するのだが舌がもつれてよく聞き取れなかった。何度も、同じことを繰り返し質問する。まとめると、内容は以下のような答えになった。（以下「　」の答えは調査官と私が聞き取った内容を分かりやすくまとめたものである）。

「山梨県の甲斐市で事件を起こしたのは二〇〇九年の十一月でした。裁判は二年後に甲府地裁であり、起訴された罪名は『殺人、強盗強姦未遂』で、判決は一一年の真冬の日でした。裁判では被害者を刃物で刺したことは認めていますが、強盗強姦未遂はやっていないんです。いまでも、罪名は不当だと思っています」

大谷は〝冤罪〟ではなく、起訴された罪名が犯行の事実とは違っていると、主張するのだ。

調査官が補足説明してくれた。

「センターは大谷を無期懲役刑の患者として受け入れているだけで、犯罪の事実は治療と関係ありません。移送されて来たのは昨年の八月で、それ以来面談の記録はありますが、その都度、判決は間違っていると訴えているようです。どうも、患者は公正な裁判ではないと、思い込んでいるようです。〝P級〟患者で病名は『胸椎圧迫と肺気腫』の診断がでています」

舌が三分の一ほど噛み切られているので、意思の疎通が難しい。とはいえ、〝M級〟患者ではないので、ゆっくり問いかければ、まともな会話は成立するのだ。大谷は二〇一一年二月二十五日に甲府地裁で「無期懲役」の判決を言い渡されたが、控訴しなかったため刑が確定して身柄は拘置所から刑務所に移された。

「実刑が確定して入れられたのは長野のN刑務所です。二〇一一年三月でした。N刑務所には『無期懲役囚』が何人もいて、同囚と一緒に工場で仕事をしていました。ですが、社会にいた時に患っていた病気が再発してしまい、お医者さんから『肺気腫』の診断がだされ、病舎で休養していたんですが、回復しないのでN刑務所で八年ほど務めて、ここに送られてきたのが昨年の八月でした」

N刑務所といえば、私は二〇一七年末に「恐喝と大麻所持」の罪名で二年三月の実刑判決を言い渡され、二月の仮釈放をもらって出所した三十八歳の人物を、月刊誌の取材でインタビューしたことがある。彼の言葉からN刑務所の一端が垣間見えてくるので、内容の一部を紹介しておく。同所の施設分類は「A指標の初犯者と長期の初犯受刑者」を収容している（ちなみにB指標は犯罪傾向の進んでいる累犯受刑者を収容する施設）。

「あそこには十年以上の刑期のものや無期懲役の受刑者も結構いて、もう、娑婆に出られないと完全に割り切って意気がっている奴もいました。それと、知らなかったんですが刑務所って、運転免許証の更新も行っていて、無期の連中もきちっと手続きをしているんですよ。なかには出所の希望を持っている人もいるんですね。

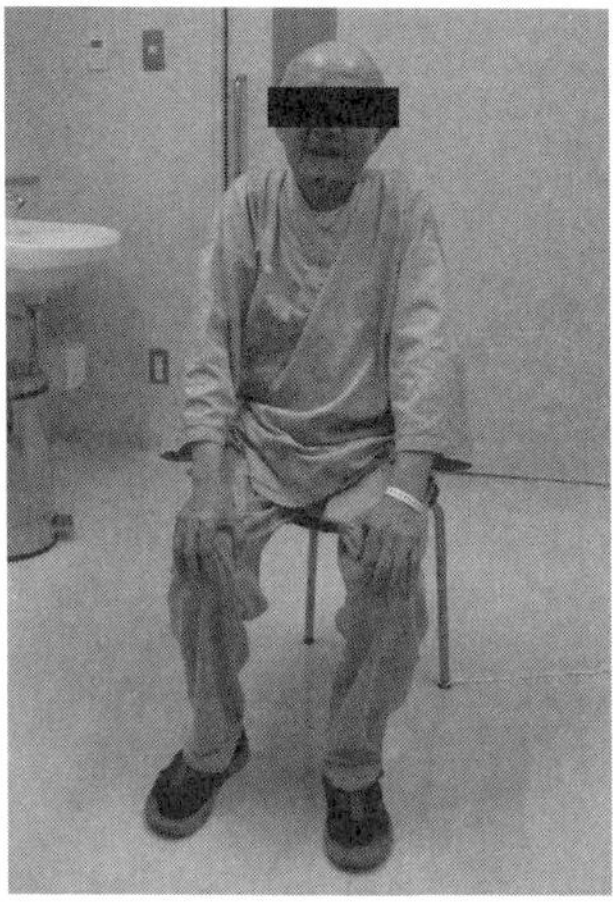
インタビューに答える大谷義人さん（71歳・仮名）

無期懲役の受刑者だからといって、別に腫れ物に触るみたいに接することなんてないですよ。普通の会話で『何年くらいで出るんですか』って、聞いたら『自分は強盗殺人なんで、おそらく出られないですよ』こんな答えなんです。こっちは『あ〜、嫌なことを聞いてしまい、すいませんでした』と謝りましたが、相手の方が

『気にしないでください。短期の人と、こうして話ができるのが嬉しいんです』こんな、感じで仕事も一緒にしているんです。それと、無期と言えば『リンゼイさん殺害事件』の犯人I・Tも、服役していました」

大谷は、このような環境のN刑務所から移送されてきたわけだ。私はさらに家族や事件についても質問をした。

「子供が三人いますが、事件後は一度も会っていません。妻とは離婚しています。家は都留市にありましたが、職場は長野県内の警備会社をいくつか転職して、事件を起こしたのは、以前から知っていた甲斐市内のスナックなんです。店に入ったらママさんが一人いたので、後ろから抱きついて床に転がしてキッスしようとして口の中に舌を入れたところ、反撃されて舌を噛み切られてしまいました。それで驚いてしまい、鞄に入れてあった小型ナイフ（後述するが記憶違い）を出して何度も刺したんです。その後のことはよく覚えていないんです。舌の傷が深くて出血もひどかったので自分で救急車を呼びましたが、来たのは警官でした。十日くらい（同）入院していて逮捕されたのは病院でした。わたしは、ママさんを強姦なんてしていないんです。それに、強盗もしていません」

——大谷さんの話が事実かどうか、私も調べてみたいと思いますが、この先、刑務所生活は長くなると思います。出所の希望はもっているんですか？

**大谷**　出所の希望はもっています。それは、いつのことになるか分かりませんが、刑務所で死ぬなんて嫌です。

――ここの生活は「不満はありません」と話していましたが、完治してもここにいるのですか。

**大谷**　治ったら、N刑務所に戻されます。早く戻りたいです。

――それはどうしてですか。ここは設備が完備して環境がいいと思いますが。

**大谷**　環境はいいですが、話す仲間がいなくて寂しいんです。早く、N刑務所に帰りたいです。

――今年は「令和元年」ですが、大谷さんが仮に出られたとして「年号」は、そのまま続いていますかね。

**大谷**　…………

――ここには、大谷さんと同じように高齢の患者が多く収容されているようですが、他の人との交流はどうなんですか。

**大谷**　治療や診察で一緒になることはありますが、患者どうし話すことは禁じられています。

――男女の患者が収容されていますが、顔を合わせることはありますか。

**大谷**　診察時間も別々で、生活する個室も男女分かれているので、女性の患者を見ることはありません。

——最後の質問をさせてもらいます。被害者に対して、どんな思いがありますか。

**大谷**　殺めてしまい、本当に申し訳なく思っています。事件を起こしてから、もう、十年が経ちましたが、それでも、人を殺したという事実は一生忘れることはないです。

大谷とのインタビューは五十分になった。その間、こちらの質問に対して険しい表情を見せることもあったが、ほとんど質問にはニコニコ顔で応じてくれた。彼は現在七十一歳だ。出所の見込みは全くたっていないが、本人は「出所への希望」を捨てていない。無期懲役囚との面談は、これで終わった。緊張していた気持ちが少し緩んできた。それと、彼が犯した事件の真相を、調べてみたいと思った。

二人の高齢受刑者（患者）を取材した。杉下仁と大谷義人の「罪名・刑期・刑務所歴」は異なり、杉下の残刑は六ヶ月余。大谷は出所の見込みが立っていない。杉下は来年早々に出所予定で、「出所後の生活」を現実の目線で考えているようだが、衣食住の確保には自信がなく不安な気持ちを語っていた。勝負は出所者を支援する社会ネットワークとの関係性が、うまく機能するかどうかにかかっているのではないか。

一方の大谷は「出所の希望」はもっているものの、いつになるのかという現実感は希薄なのだ。希望が叶えられるのは二十年、二十五年先ということか。

それは、当然であろう。「先の見えない受刑生活」に耐えてゆくために、精神的に「何かにすがる」ことで日々、過ごしてゆく。その支えが「出所の希望」なのだ。私は「無期懲役囚」の心情に、少しふれた思いであった。

## 職員四人にインタビュー

取材の終わりは、勤務歴十年以上の専門スタッフとのフリートーキングである。キャリアは「福祉専門官Tさん、看護師長Nさん、副総看護師長Wさん、主任矯正処遇官Sさん」の四人。最初に実名を出すことについて確認させてもらったが、四人とも「患者と接するときは胸の名札を外しているので、実名を出されるのは困るんです」ということで、イニシャルで表記することにした。

――まず、自己紹介をお願いします。

**Wさん**　わたしは、八王子医療刑務所から引き続き、こちらで勤務しておりまして、勤続二十二年になります。

**Nさん**　わたしも八王子から異動してきまして、今年で勤続二十八年になりました。

**Sさん**　勤続三十三年です。八王子が初任地で、他の施設の勤務経験はありません。刑務官の階級は「副看守長」です。

**Tさん**　勤続十一年で、皆さん同様にわたしも、八王子から異動してきました。

——勤務年数の最も長いSさんにお伺いしますが、収容されているのは「病人の受刑者」ですね。大前提は病人といえども彼らは「刑を執行されている受刑者」。Sさんは、病人と受刑者の区別をどのようにしているのですか。

**Sさん**　「区別」などしていません。患者にも、きちっとした生活上のルールがあって「動作時限」（前掲の動作時限表を参照）が定められているので、その生活プログラムのなかで処遇をしています。「患者と受刑者」を、区別して考えたことはないし、彼らには一日も早く病気を治してもらい、元の施設に帰って刑期を務めさせるのが、わたしたちの仕事なんです。そのために患者が安心してここで、治療を受けられる環境づくりを目指して「保安面」の業務を担当しているわけです。患者のなかには、医療スタッフがもてあます人もいますので、それらの受刑者の戒護もやっています。

——Wさんの日常業務は何をされているのですか。

**Wさん**　わたしが担当している病棟の患者は三四人います。主に〝P級〟患者で看護師九人の人たちと一緒に、病棟と治療室、診察室をストレッチャーや車椅子を押して一日中、駆けずり回っていることが多いですね。五キロくらい往復しますか。重労働ですよ。患者とは毎日接していますが私語はほとんど交わしません。言葉といっても、必要最低限の「治療と看護」の話だけです。

――Nさんは、女性看護師としては古株なんですね。八王子時代と比べて、ここの治療環境はいいと思いますが、患者の反応はいかがですか。

**Nさん**　八王子は古かったので病舎も隙間だらけで、冬は隙間風がビュンビュン入り暖房も限られていましたが、ここは、全棟にエアコンが入っています。患者も喜んでいて、治療機材も最新のものを使っているので「安心して過ごせる」という声が多いです。

病室はすべて単独室。わたしたちも入室しますが、そんなときは相手に話しかけられることがよくありますが、個人的なことは一切、話しません。規則で禁じられていますので……。

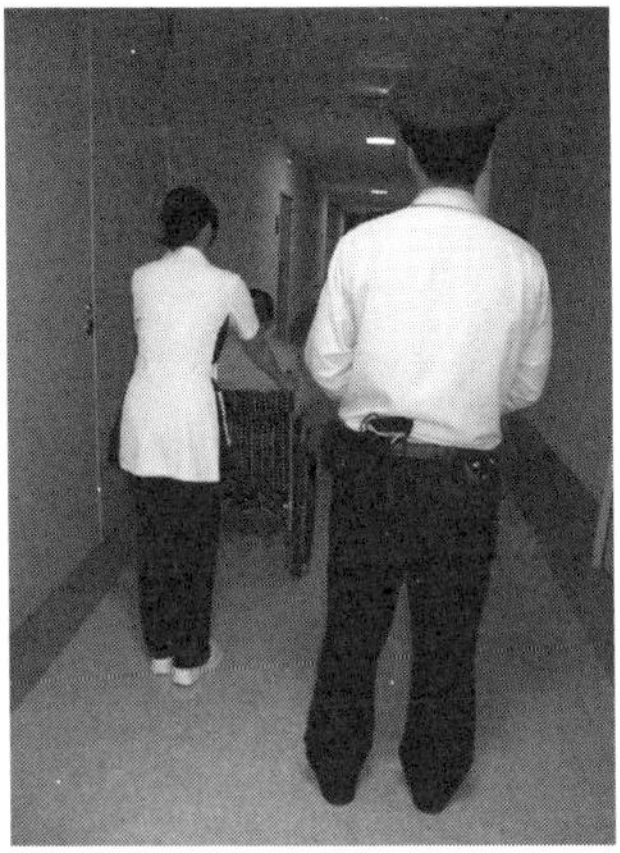

受刑者を病室に運ぶ看護師と傍らで戒護する刑務官

いまのところ、患者の大半は八王子の引っ越し患者ですが、最近は他所からの移送患者も増えていて、大谷さんもわたしが担当していますが、それ以上のことは〝個人情報〟になるのでご勘弁ください。疾病が早く回復する要件は物理的な処方が大事ですが、相手も受刑者とはいえ人間なんです。そこに線引きする必要はないので勤務中は〝患者〟という心構えで相手には接しています。早く完治してもらいたいですから……。

――Tさんは「福祉専門官」の資格で勤務されているわけで、他の三人の方とは職域が異なりますね。ケースワーカー的なお仕事なんですか。

**Tさん** そうですね。受刑者と接する機会はそれほどありません。専ら、塀の外の関係機関、例えば自治体の福祉部門や医療機関、地域生活定着支援センターと患者の受け入れ相談や医療保護などについてのアテンダントをするのが仕事です。

――社会資源の活用という言葉をよく使いますが、具体的にはどのようなことなのですか。

**Tさん** それは、民間の人材活用と福祉部門との協調という意味なのですが、累犯者になるとなかには、その貴重な「社会資源」を乱用しすぎて、次の機会に有効活用できないこともあるんです。出所した受刑者のおかげで……（手厳しい批判がでた）。

質問の仕方が下手だったのか、私は同じことを何度も繰り返し尋ねてしまった。その度に四人は戸惑いの表情を浮かべ、いらいらした感情を顕わにしたが、質問が的確なときは言葉数は少ないものの丁重に答えてくれた。だが、質問が患者個人のことにふれると、〝守秘義務〟という言葉は口にしないものの、〝患者個人のことは話せない規則なんです〟と、やんわりと拒否された。プロとしてのモチベーションは高い。

四人の仕事はそれぞれ専門分野に分かれているが、患者に接する基本原則は〝個人的な話はタブー〟という共通認識がある。それと患者には氏名を明かしていない。また、患者を呼ぶときは〝称呼番号〟ではなく名前で呼びかけるそうだ。

病室で患者と接するときは相手がたとえ身動きのできない重篤患者であっても、刑務官立ち会いの二人での入室となる。これはSさんが話していた「保安上」の規則になっているそうだ。ここは紛れもない病院なのだが患者の生活には、厳しい規則がいろいろと定められているのは当然だ。

私は「矯正医療」の世界を初めて取材したが、予算が潤沢、最新式の医療機器を設備しているとはいえ、ここは「老人福祉施設」でもなければ「介護施設」でもない。あくまで「刑を執行された受刑者を収容する刑事施設」なのだ。病人といえども自分の意思で行動できる自由はないのだ。

リピーターの患者のなかには、ここを福祉施設と勘違いしているものもいるようだ。移送されてきた以上は最善の医療措置をとるのが、ここの役割と職員は割り切ってはいるものの、矛盾を感じてしまうこともあるという。なかには刑務所馴れした患者もいて扱いに手古摺ることもあるそうだ。

医療刑務所という特殊な環境下での仕事は勤務年数を重ねていても、緊張感とストレスから解放されることはないとも、四人は語っている。雑談になったときのTさんの言葉がその気持ちを代弁していたのではないか。

「居酒屋で友人と飲み会をやっていても、言葉には細心の注意をはらってしまう。そして、周囲を気にしてリラックスできないんです。それと、刑務所には一般社会では使わないスラングがあって、飲んだ勢いで口に出してしまったこともありますが、気づいて周囲を見渡してしまった経験もありました」

五十分の取材時間であったが、堀調査官のリードでなんとか四人から、本音を引き出したのではないかと安堵したインタビューであった。医療スタッフと刑務官は夜間勤務もシフトに組まれていた。

## 無期懲役囚の犯行現場を訪ねて

処暑の季節になった二〇一九年九月上旬、私は台風十五号が関東地方を通過したあとの真夏日に大谷が事件を起こした山梨県甲斐市を訪ねてみた。この日の気温は体感温度で三八度。甲府駅からバスで三十分の距離にある地方都市で、現場は市の南西部にあたる西八幡地区の玉幡小学校近く。県道沿いにはコンビニや個人商店が出店しているものの、飲食店は数軒に過ぎない。玉幡小学校前の三叉路は区画整理されて十年前に犯行現場になった「スナック」は消滅して、プレハブ小屋が建てられていた。当時スナックは地元のなじみ客で繁盛していたというが、近くに飲食店はなかった。大谷は従業員の女性に誘われて店を二年ぶりに訪ねたようだが、どこから西八幡に来たのか本人も記憶が薄れていてはっきりしない。

現場の二〇メートル近くに住む土地の生まれだという主婦（六十歳）に話を聞くことができた。

「プレハブ小屋が見えるでしょ。スナックはあそこで長年営業していたんですよ。近くで飲み屋さんはあそこしかなかったので結構繁盛していたみたいです。わたしが事件のことを知ったのは明け方でした。警察の車や新聞記者さんたちが大勢集まっていました。詳しいことは新聞

現在の事件現場周辺は様変わりしていた

記事（十一月九日）でしたがママさんが殺されたんです。驚いてしまいました。殺人事件なんて、この地区で初めてのことなんで近所は大騒ぎでしたね。

事件の後、お店は閉めてしまい建物は道路の区画整理で消えてしまいました。跡地の一部には地主さんがプレハブ小屋を建てたんです。あの事件は地元の人なら誰でも知っていますよ。裁判にも関心がありましたから……」

私は大谷が無期懲役で刑務所にいることを伝え、裁判のことなども話してみた。

「甲府の裁判所で〝裁判員裁判〟っていうんですか、民間の人たちが法廷に出て事件について意見を述べる裁判で裁かれたそうですが、判決は無期刑だったそうです。その人は六十歳を過ぎていたと思います。一生、刑務所から出られないんですね」

主婦は十年前の事件のことをしっかりと記憶していた。そして、大谷の現在の境遇に驚いた表情をみせた。惨劇のあった現場周辺は区画整理で一変し、道路沿いには洒落たつくりのカフェなども出来ていた。数軒の店で主婦に尋ねたことと同じことを聞いてみたが、一様に事件のことは覚えていて、住民の記憶はいまでも鮮明に残っていた。だが、被害者の人物像は「歳よりも若く見えるママさん」程度の印象だけであった。長年、同地でスナックを経営していた割には、近所の住民との接点はなかったようで、ママさんの顔は見えてこなかった。

裁判記録と新聞記事（山梨日日新聞）を読み解き、事件発生から判決までの要点を整理してみると、以下のように推移していた。

大谷が「スナック」で事件を起こしのは二〇〇九年十一月八日の午前四時ごろだが、この時間、店内にいたのは被害者のK・N（当時六十八歳）と大谷（当時六十一歳）の二人だけであった。犯行時の状況を大谷は「店に入ったらママさん一人だけがいたので、抱きついて床に倒してキッスしようとした」と話しているが、大谷はK・Nの妹に誘われて二十一時ごろ来店していた。午前一時過ぎには従業員たちは帰宅して、店に残ったのは二人だけになった。

そして犯行に及ぶのだが、現場に到着したのは所轄の韮崎署の警察官で、時間は九日の午前三時三十分（警察の現認時間）であった。通報は大谷が自ら一一〇番しているが、犯行時刻の正確な時間ははっきりしていない。店内には酒ビンなどが転がっていて、二人が争った形跡が残されていた。K・Nの姿態は着衣の乱れもなく「強姦未遂」の状況は検証できていない。警察は犯行現場の状況から罪名は「殺人罪と強制わいせつ致死罪、銃刀法違反」を適用した。

K・Nは現場から市内の病院に搬送されたが同日死亡。死因は失血性ショック死で、胸や背中、頭などに三十ヵ所以上の刺し傷、切り傷が知見されている。凶器は刃渡り一〇センチの果物ナイフであった。

大谷が搬送された病院は隣接の中央市内の外科病院で、ここに入院したのは五日間。症状が回復したとして十三日には甲斐市内の病院に移されて同日韮崎署に逮捕された。どうも、大谷が主張する「強盗強姦未遂」については、警察は立件していないようだ。それが二〇一〇年十二月八日に起訴された段階で、検察は罪名を「殺人と強盗強姦未遂・銃刀法違反」に切り替えていた。起訴状には「売上金を奪うこと目的に乱暴して殺害した」とあるが、売上金には手がつけられていなかった。

検察はどのような証拠から大谷が「被害者の物を奪い姦淫しようとしたが、目的を達せず未遂に終わった」という結論を導き出したのか、根拠が薄弱だ。初公判は二〇一一年二月十五日に甲府地裁で裁判員裁判として始まったが、罪状認否で大谷は起訴状にある「強盗殺人罪と強盗強姦未遂罪は間違っている」と全面否認した。判決公判は二〇一一年二月二十五日。宣告された刑期は「無期懲役」であった。理由として裁判長は「事件直後に現場へ駆けつけた警察官に対して犯行を認める供述をなしているので、犯人であると推認できる」とした。

弁護側は取り調べの段階での一部可視化の証拠は問題であると、検察提出のＤＶＤの証拠を否定した。また、捜査段階での取り調べで「自白の誘導があった」と主張したが、裁判所は認めなかった。

## 弁護士に聞く

私は、単純な殺人事件と思っていたこの事件が、大谷が話していた「起訴罪名は認めない」という、その理由を知りたくて現地取材をしたのだが、発生以来十年という時間が経過しているので、真相には辿りつけなかった。そこで、この被告事件を担当した弁護士に面談して、あらためて裁判のことなどを聞かせてもらった。加藤啓二氏は甲府市で合同法律事務所を主宰していた。

「大谷さん、覚えていますよ。事務所の三人の先生と弁護した案件でした。甲斐市内のスナックで経営者のママさんを殺害した事件ですな。十年も昔になりますか。甲府地裁で裁判員裁判で始まりましたが、法廷には検事正（甲府地検のトップ）も顔を出していましたから検察の意気込みを感じましたね。公判はたしか三回開かれて初公判は二〇一一年二月で、判決は同月（二月二十五日）に出たはずです。スピード審理でした。

本人は罪状認否の段階で起訴罪名は否定しています。しかし、裁判では警察の自白調書と検面調書には信憑性があると証拠採用して『無期懲役』の判決でした。事務所は一審の担当だけでしたので本人が控訴したかどうかまでは不明ですが、一審で服役となれば途中で控訴を取り下げたんですな。しかし、控訴審が始まったとしても減刑（有期刑）はなかったと思いますよ。罪名が罪名でしたから……。本人も、その点は分かっていたと思いますよ。ところで、いまもN刑務所で服役しているんですか？　歳も七十歳を超えていますから仮出所といっても難しいでしょうね。『無期』は最低でも三十年は服役しないと仮出所の審査には乗らないので、健康であってもこの先、長いですね。元気で務めているんですか？」

私は、大谷の近況を説明した。

「そうですか、いまは医療刑務所に入っているんですか。元気にしていますか。『肺気腫』なら、相当悪いんですかね。それでも、新しくできた医療センターの医療用機器は最新のものを使い、常勤医師や看護師も勤務していて患者の治療は一般の病院と比べても遜色ないと、聞いています。大谷さんも、そこに入院してよかったですよね。彼は、たしか事件当時離婚して独身生活でした。これから先、病気が完治しても症状が悪化しても、医療刑務所で服役することができれば、本人にとっていちばんいい、人生の処し方ではないでしょうか」

取材が終わり雑談になった。大谷が生きて出所したいという強い希望をもっていることを話してみた。

「出所の希望ですか。この先、何十年も刑務所に入れられていたとしても、出ることに執着するんですね。しかし、ハードルが高い仮出所でしょう。仮に二十年後に出られたとしても、彼は九十歳を超えて社会に出てくるわけですから、それまで長生きできますかね。とはいっても、本人の希望が社会に出ることを願っているのであれば、それが、刑務所生活の支えになっているんですな。小柄で丸顔の彼のことを思いだしてきました」

大谷は「無期懲役囚」として十年余り服役している。そして「生きて社会に出たい」と出所の希望を捨てていない。この希望は果たして「令和の時代」に叶えられるのか……。

二〇一九年（一～九月）、成人医療センターでは四五人の重篤患者が亡くなった。ターミナルケアと呼ばれる延命治療が不可能な終末期患者であった。遺骸が引き取られたのは三分の一。引取人が遠隔地のため先方の希望で遺骨にして送ったのが三分の一、残りは引取人がいないため霊安室で教誨師が棺前供養を行ったのちに、火葬場で茶毘《だび》にふして八王子の墓地に埋葬している。受刑者とはいえ最期の処置は塀の外に解放されて〝倶會一處《くえいっしょ》〟の世界に葬られるわけだ。

ここに、二〇一九年一月から九月までの成人医療センターの収容実態を数字で示しておく。

仮釈放　一般受刑者　一〇人
満期者　同　一人
移送（元施設）同　二人
死亡　同　〇人
執行停止　同　〇人
其の他　同　〇人

仮釈放　P級受刑者　〇人
満期者　同　三三人
移送（元施設）同　八八人
死亡　同　四一人
執行停止　同　一人
其の他　同　一人

仮釈放　M級受刑者　一人
満期者　同　二三人

移送（元施設）同　二五人
死亡　同　四人
執行停止　同　〇人
其の他　同　三人
合計　二三二人

# 第二章　元矯正局長・西田博氏インタビュー

## 刑務官出身の矯正局長

――私は、現在〝漂流する老人受刑者〟をテーマにした取材を続けていますが、西田さんが矯正行政のトップ（元法務省矯正局長）を退官後、インターネットサイトの「みんなの介護」の特集「ニッポンの介護学」にアップした特別寄稿文『高齢受刑者で介護施設化する刑務所。その未来は税金の投入か、それとも収容の回避か』を読んで、元とはいえ矯正界のトップが大胆な「刑務所改革論」を展開されていることに興味をもちました。いったいどんな人物なのか是非、お会いしてお話をお伺いしたいと思い、本日（二〇一九年八月二十一日）、インタビューの機会をつくっていただきました。有難うございます。最初にご経歴ですが「検事職が独占していた矯正局長のポストに初めて刑務官出身者が就いた」ということで話題になりましたが、現場はどこから始まったのですか。

**西田**　刑務官採用試験に合格して高知刑務所で拝命し、三年間夜勤などの現場勤務をしましたが初等、中等、高等科研修（矯正研修所）を修了すると本省勤務になり四十二歳で横須賀刑務所（現・横須賀刑務支所）に転勤。その後、盛岡少年刑務所に勤務して、現場はそこを最後にラインから外れて本省に戻り、ブロック機関（広島矯正管区）の勤務も経験して、その後は本省の「矯正」部門で過ごし、二〇一四年十二月に退官しました。最終ポストは「矯正局長」でした。

――矯正局在任中は現場（刑務所・拘置所）の視察などもされたんですか。

**西田**　本省勤務は通算すると三十年になりますが、その間に北海道の名寄《なよろ》拘置支所から沖縄まで全国の施設（七十四本庁と支所百十四ヵ所。当時）すべてを回りました。現場の職員と懇談する機会も多くありましたが、いろいろと勉強させてもらいました。「刑務官」は人間相手の仕事です。その職務はマニュアル（看守服務規程）に細かく定められていますが、現場は人間対人間の関係で動く世界。規則だけで受刑者を律することは難しいのです。といって、職員が恣意的に現場を動かすことは受刑者との間でトラブルを起こす原因にもなるので、その調整といいますか、対応についてはベテランの職員の指導が重要なんです。彼らは長年受刑者と接しているので状況判断は的確で、対処もしっかりしています。

――西田さんは現場を知る「矯正界のトップ」になられたわけですが、法務省には大臣官房と外局を除いて「民事、刑事、矯正、保護、人権擁護、訟務」の六局が置かれ、トップ人事は検事の指定ポストといわれています。その「検察人事」を覆して「矯正局長」になられたわけですから、人事部門には信頼されていたわけですね。

**西田**　確かに歴代の局長は検察出身者ですが局長人事は内閣人事なので、わたしが指名されたのは異例かもしれません。しかし、人事についてわたしなどが事前に知ることなどありませんし、また、推薦者がいたことなど知る由もありません。おそらく、〝矯正行政〟の実務は西田が明るいから一度、プロパーにも経験させたらどうか、という、上の判断があったのかも知れません。

――なるほど、主な幹部が集まって開く、いわゆる〝御前会議〟で決まった人事というわけですか。それだけ、西田さんの手腕が期待されたわけですね。

**西田**　期待されたかどうかは別として、在任中に全国の施設を視察（刑務所の内部監査）したことと、刑場をマスコミに公開したことは、現役時代のわたしにとって、印象深い仕事でした。例えば資料では「沖縄刑務所の支所が石垣にある」ことは知っていましたが、沖縄本島から数百キロ離れた石垣島の拘置支所（以前は刑務支所）を実見して、「日本の矯正施設もたいしたものだ」と、感動すら覚えました。また、勤務している職員の話を聞いて大変な場所で働いているんだと、激励してしまいました。

——職員への激励といえば、「局長の視察」ともなれば施設側には事前に連絡されていると思います。幹部職員はそれなりの対応をされたのでしょうが、現場で働く職員は相当緊張しているでしょう。〝迷惑だと感じた〟職員もいたのでは……。

**西田**　わたしの経歴を知る職員もいたと思いますが、正直、迷惑だと感じた職員もいたと思います。現場視察といっても滞留時間はわずかです。それでも、視察は士気高揚の役に立ったとわたしは自負しています。現場の職員は黙々と仕事に励んでいますから……。

## 刑務官時代の経験から

——心情を語っていただき有難うございました。それでは次に体験的な刑務官と受刑者の関係についてお話ししていただけますか。刑務所は職員が恣意的な判断で受刑者を処遇しているという批判もありますが、実態はどうでしょうか。

**西田**　わたしが現場勤務をしていた昭和五十年代は、受刑者の処遇に関しては「省令、訓令」などの通達を運用して行っていました。「監獄法」には細かい規定は定められていませんでした。今日のように受刑者処遇が制度化されておらず、システム化されていなかったので職員の経験値による対受刑者処遇が現場の慣例だったとも言えます。

――受刑者とはいえ相手も人間です。刑務官対受刑者という鋭角的な接し方では反発もありますね。そんなとき西田さんは幹部職員として部下の職員にはどのような指導をされていたんですか。

**西田**　常識的な判断で相手と接すれば気持ちは通じる、ということを話していました。例えば冬の時期に受刑者が屋外作業をするときは自らも受刑者の傍で戒護して、受刑者と同じ寒い思いをして立ち会いしていれば、受刑者にも気持ちが通じるという意味なんです。スキンシップです。

――刑務官時代の体験と経験は局長になっても〝座右の銘〟としたわけですね。それで、その貴重な体験から得た知識を先出のサイトにアップしたわけですか。とくに「高齢受刑者問題」と「医療問題」について提言されていますが、いつの時代から関心をもたれたのですか。

**西田**　矯正局参事官時代からです。当時も視察や監査で現場施設へ出張しており、受刑者の「医療に対する不満」があることや医官の常態的な不足を痛感していました。また刑務官が研修を経て准看護師の資格を得て元施設で医療従事者として働くわけですが、これも十分ではなく、どこの施設も人材不足が深刻な時代でした。また、「高齢受刑者」も収容していましたが、今日ほど介護を要する高齢者はいなかった。しかし、社会の高齢化が進んでいたわけですから、いずれ刑務所にも「高齢受刑者」が多く入所してくる時代になる。その対策を刑事施設でも検討しなければならないと認識していました。

## 刑務所が「福祉施設」に

――確かに「犯罪白書」や「矯正統計年報」のデータに出てくる「高齢受刑者対策」の数字は、深刻ですね。今後、高齢受刑者に対する処遇は刑務所のアキレス腱になりかねませんね。それと「医療問題」なのでは。寄稿文に、こんなくだりがありました。

〈高齢受刑者といえども当然働かなければならないわけで、刑務所は彼らにできる仕事を探して用意し、工場など働く場所に毎日移動させて稼働させなくてはなりません。加齢とともに心身とも機能が減退している彼らに、懲役刑の義務を履行させること自体がたいへんなこと。毎日の食事においても咀嚼する機能が落ちていれば、「きざみ食」などの特別な配食が必要ですし、週2～3回と決められている入浴や日々の衣服の脱ぎ着にも補助が不可欠で、こういった状況はもう「刑事政策」の範疇ではなく、「福祉」です〉

西田さんは心身に欠陥のある高齢受刑者の収容自体「刑務所の責務」ではなく、「福祉」の分野であると、提言されています。実態として今日の刑務所は高齢受刑者に対して、処遇は「限界」を超えているとお考えですか。

**西田**　はっきり申し上げて、もう、限界に近付いていると思います。介護の必要がある「高齢受刑者」にかぎれば刑の執行よりも「介護」的な処遇が主になっている現場は「福祉施設」といっても過言ではありません。対策の一つとして専門職の「介護福祉士」も採用していますが、まだまだ十分ではありません。

――また、こんな文脈もありました。

〈高齢受刑者の刑務所内での生活、医療・介護の現状、釈放後の対応などを考えれば、いつかは社会に帰る高齢受刑者のすべてを刑務所内に収容することが良いことなのか、刑の執行をする施設である刑務所に介護施設としての機能を持たせるために膨大な投資をするのか、むしろ刑務所への収容を回避する工夫をすべきではないのか……。〝塀の中の介護〟は、数々の問題を提起していると思われます。

刑務所において高齢受刑者に費やすコストは決して安くはありませんし、このコストはすべて税金で賄われます。そして彼ら彼女らは、必ず被害者を生む〝犯罪〟という、社会への害悪を伴う存在です。〝塀の中の介護〟は、国や刑務所だけでなく、納税者であり、安心・安全な生活を望む我々国民に提起されている大きな問題ではないでしょうか〉

**西田**　そこに書いた問題意識は、わたしが「矯正行政」に携わる人間として三十年余勤務した体験的な知識を根拠として発信しているので、実態と乖離したものではなく、刑務所の現実的な姿であることを、お分かり願いたいと思います。刑務所はこれから「医療問題」を最重要課題として取り組んでいかなければならない。オーバーな言い方ですが「危険水域」にあると思います。それで、わたしは医師の人材確保をするために在任中に「矯正医官に対する特例法」の検討をはじめて、後任の局長（小川新二さん）に引き継ぎました。

――その特例法とは、具体的にどのようなことが盛り込まれているのですか。

**西田**　国家公務員は法律で兼業を禁止されています。医官の兼業もアウトです。この縛りがあるがために現役の医官のひとたちが〝外で専門的な研修や講習〟を受けることができず、最新医学の情報を得ることもできなかったわけです。また、医師不足の過疎地で応援を求められても働くこともできず、地域への社会貢献もタブーの状態でした。

それを条件付きで緩和して医官が働きやすい環境をつくることが「特例法」の趣旨でした。法務省が医官の募集を出しても応募者は少なく、長年、医師不足の状態が続いていました。それは、医官の待遇が民間医療機関と比べて低いこともあり、その解決策は、学会主催の研修会などにも参加できるようにして医官のスキルアップに繋げるとともに、一定の条件下での兼業を認めることでした。

施行されて以来、医官の勤務環境は改善されて、定着率もかなり安定してきたと思っています。「矯正医療」の世界も社会レベルに合わせて、受刑者の医療措置をとることが必要なのですが、いままでは医官不足と治療環境が整備されていなかったことが、「刑務所の抱える医療の最大のネック」でした。それを実現しようとしたケースが「東日本成人矯正医療センター」なんです（第一章で現場取材をしている）。

――医療機器のなかに「人工透析機」が三〇台も設備されています。八王子時代の六倍です。それだけ増やした理由は服役中の患者受刑者の受け入れに対処するための措置だったのでしょうか。

**西田**　もちろん、疾病を持つ受刑者に対する適切な治療を施すための機器の増設が目的ですが、他にも刑が確定しても刑務所内では治療できないため収監できない者もいて、それらの確定者の刑を執行するために、成人医療センターで治療をおこないつつ、刑を執行することも「人工透析機」を増やした理由なんです。

## 初めての刑場公開

――「特例法の法制化」は西田さんにとって、念願の事案であったことがお話から、よく分かりました。次の質問ですが、「刑場」の公開について現役時代の印象深い仕事、と話されていましたが、それは、民主党政権時代の千葉景子法相が東京拘置所の刑場をマスコミに公開した案件のことですか。

**西田**　そうです。公開したのは二〇一〇年八月二十七日で当時、わたしは局の総務課長の職にありました。社会では「死刑執行に関することと死刑囚の処遇についての情報公開がない」と批判され、また、「死刑」に関する伝聞、憶測の論調が流布されていたこともあり、法務省として「刑場の実体を公開」すべきでは、という意見が議論されていました。決断は大臣がなされましたが、事務方は矯正局に命ぜられ、わたしが、東拘側と折衝する役目を担当することになったんです。「刑場は神聖な場所」です。大臣命令といっても、現場に関わる刑務官の拒絶反応は相当、強かったです。最初は公開に対して所長以下、消極的でしたが、何度も協議を重ねているうちに、職員の意識もだいぶ軟化してきて、公開実施に向けての体制ができてきました。

――「刑場公開」という初めての事案に西田さんが実務担当者として、相当、ご苦労なさったことが言葉の端々に滲み出ていますね。しかし、一方で「日本外国特派員協会」の所属記者や雑誌記者、フリーランスの記者などは取材ができず、「限定された記者クラブの指名された人間だけが取材できた」などと、批判が出ていました。取材者を限定された理由はなんですか。

**西田**　それは、物理的な問題が第一でした。取材してもらう現場はスペースも限られていて、また、取材に対応できる職員の数も少なく現場で突発的な問題が起きた場合、どう対処するのかといったことが想定できなかったからです。なにしろ「密行主義」と言われる刑場をマスコミに公開するなど初めての事案だったので、われわれも慎重を期しての現場公開でした。

――法務省内で「刑場公開と死刑囚の処遇」に関しての情報公開をどこまで解禁するのかという検討会は当然、何度も開かれていたと思いますが、どのようなことが検討されたのですか。それと参加メンバーはどこの部局のひとたちだったんですか。

　この質問に対して西田氏は考え込んでしまい、「そのご質問の回答は〝守秘義務〟に抵触することもあるので、お答えできません」と答えた。今まではこちらの質問に対して明快に答えてくれた氏であったが、こと、「死刑問題」に関しては「口を拭う」ことが多かった。それは、事務方の責任者で詳細を知る立場にいただけに、言葉には慎重にならざるを得ない胸中を察して、私はそれ以上の質問をしなかった。

## 退官後は出所者の支援を

――質問を変えます。西田さんは内閣人事で指名された「法務省矯正局長」を最後に、役人の世界から足を洗ったわけですが、〝高級公務員〟の場合は再就職にもいろいろと〝縛り〟があるようです。西田さんは退官後、再就職されたんですか。

**西田**　退官して四年八月の時間が経ちました。民間会社の役員などを務めて、現在は、この名刺の団体で代表理事を務めさせてもらっています。

名刺には「一般社団法人・更生支援事業団」と刷られている。

――この団体は、どのような活動をなさっているのですか。

**西田**　わたしは二代目の代表理事に就いて、まだ間もないので、活動のすべてを熟知していません。詳しいのは事業団設立に奔走した、私の元部下の後輩の数人と理解ある民間企業の方々なんです。基本理念は彼らが策定しました。そこには三つの理念が盛り込まれています。

一　雇用創出及び就労支援

二　社会復帰支援のための国民の理解創出
三　犯罪被害者支援団体等に対する協力
事業団は「出所者」の就労を応援し、再犯防止に役立つ事業を他の支援団体と協力して行ってゆくことが活動の基本方針なのですが、現実は、社会になかなか活動実態が浸透していなくて、苦労しているところなんです。それで、わたしの矯正局時代の人脈を駆使してなんとか事業団の活動を軌道に乗せたいと、〝老骨に鞭〟を打って動き回っている日々です（笑）。

わたしの体験から導き出された答えは「出所者の改善更生、再犯防止」に重要なことは刑務所と地域社会の関係だと思っています。地域社会の理解は再犯防止のストッパーになります。社会と出所者が共生できる社会環境を構築してゆくことを目指しているのも、事業団の活動の一つなんです。

看守勤務から始まった西田氏の「矯正の世界」での仕事は三十余年にわたっていた。その間にラインとスタッフの職場経験を積み、豊富な体験をしてきた「刑務所」に精通したOBであった。インタビューでは〝守秘義務〟に反しないギリギリの線まで、素人にわかりやすい言葉で語ってくれた。とくにこれからの「刑務所はどうあるべきか」という、未来像に繋げて「出所者」の社会支援の必要性を力説した。

さらに、踏み込んだ発言のなかに、現在の刑務所は「危険水域」にあるという直言は、体験のなかから得た知識を基底にした言葉なのであろう。そして「医療」の取り組みが最重要課題になる、とも提言している。新しい職場「更生支援事業団」の事業活動は、始まったばかりのようだが氏の経験と知識、人脈が期待されている。

また、氏はある苦言を呈していた。

「元刑務官という肩書きで死刑に関する著作を何冊も出しているOBの人がいるんですが、この人は『刑場での勤務経験も、極めて難しい死刑囚の処遇現場』を担当したことがないのに、伝聞情報をもとに本を出版しているらしいんですね。著者として元刑務官の肩書きをキャッチフレーズに使うのであれば、厳しい現場で頑張っている後輩刑務官のことを大切に思って自覚と矜持をもって作品を発表してもらいたいものです」

西田氏の言葉は三十余年、「矯正界」で過ごしてきた体験的知識と「矯正行政」に関する企画立案を担当したスタッフの一人として学んだ専門知識が、視野の広い「刑務所」観を育てたのではあるまいか。その言葉は部外者に対しても説得力をもつ〝現場主義〟に始まる「刑務所」改革の発想であった。

## 刑務所改革の必要性

南山大学法学部教授の沢登文治氏とは、NHKの報道番組に出演したことが縁になって「刑務所」について語り合ったことがある。その際に「コスト」の面から「刑務所改革」を論じた著書を恵贈された。『刑務所改革——社会的コストの視点から』（集英社新書）だ。それと、氏は「刑事施設視察委員会」の委員として各地の刑務所を視察、参観していた。沢登氏の刑務所観は以下の視点になっている。

〈刑務所が「収容と隔離」「矯正と更生」という二重の目的をもつ限り、本質的な矛盾が出てくると考える。強制的に行われる「収容と隔離」において、自発性が本質であるところの「矯正と更生」がはたして生まれるのか。「矯正と更生」を達成するには、やはり受刑者の自主的で自発的な環境が必要なのではないか〉

と論じており、また社会的コストについてシカゴ大学の経済学者S・レビット氏の学説を紹介している。

更生していない受刑者一人を野放しにした場合の年間の社会的コストは五万四〇〇〇ドル。受刑者を一人収容しておくコストは年間二万五〇〇〇〜三万五〇〇〇ドル程度。受刑者を一定期間収容しても六割の受刑者が再犯するのであれば、戻ってくる再犯者の収容コストも加えると一人当たりの平均的な収容コストは一・六倍に増加してしまう（データは一九九六年と、少々古いが近年の数字がどのように変化しているのか興味あるところだ）。

ではは日本ではコスト軽減のためにはどのような手立てが必要なのか。

沢登氏の見解は、「刑務所勤務者を単純職の人手から専門家の配置に変える。事後の医療費、チェック態勢を強化するために設置する第三者組織が必要。そして、社会復帰のための更生プログラム、カウンセリング、職業訓練の充実など受刑者の将来にとって利益になるプログラムの構築が必要」と提言している。

刑務所でも沢登氏が指摘するような受刑者に対するプログラムを実施しているが、現状は専門スタッフの不足、社会との連携がスムーズにいかないなどの理由で、成果はさほど上がっていないのが実情なのだ。

だが、刑務所改革を「コスト」面から分析すると新た展望が開けてくることを、沢登氏から教えられた。それと西田氏も「ニッポンの介護学」のなかで、

〈刑務所において高齢受刑者に費やすコストは決して安くはありませんし、このコストはすべて税金で賄われます。（略）〝塀の中の介護〟は国や刑務所だけでなく、納税者であり、安心・安全な生活を望む我々国民に提起されている大きな問題ではないでしょうか〉

このように「コスト」の問題を提言していた。刑務所改革には「受刑者に対する経費」、コストパフォーマンスが今後、大きな問題になってくることが予見できる時代になってきた。

いま、日本の刑務所も変革期にきており、今までのように「受刑者を閉じ込めておく」という閉鎖主義の「刑務所」では、時代に取り残されてしまうのではないか。そのためには「刑務所改革」は絶対に必要で、受刑者の生活環境の改善や医療問題が避けて通れない課題になっている。

「刑務所」は西田氏も提言しているように「社会との共生」が今後、ますます必要となる。その対策として現場には「福祉専門官」（第三章で黒羽刑務所の専門官にインタビューした）を配置して、刑務所と社会を繋ぐネットワークを構築してきた。

加えて「医療問題」と「高齢受刑者の処遇」も、これからの「刑務所環境」の整備には絶対に必要なソフトの分野で、人材の育成が急務とされている。要するにマンパワーの活用である。しかし、刑務所の「生活環境」の改善には相当な予算措置が必要となるので、納税者の理解が必須なのだ。例えば、〝刑務所に入っている犯罪者を、なぜ、そこまで優遇するのか〟といった素朴な意見もあるだろう。あるいは〝真っ当に生きてきた人間が、その日の暮らしにも困っている生活環境〟を改善するのが先決なのではないかといった現実的な批判も根強い。国民感情は決して「刑務所改革」に賛成する層ばかりではないのだ。

## 出所者と社会との共生とは

「福祉と刑務所」の関係は今後、切り離すことのできないテーマであることは、問違いあるまい。イギリスでは、この問題を「コミュニティ・プリズン構想」（日本では二〇一七年に閣議決定した『再犯防止推進計画』に相当）として政府が政策課題に取り上げている。「出所者の社会復帰に必要な要件は、地域住民との共生が不可欠」という考え方だ。受刑者には刑期の長短があるものの、有期刑であればいずれは地域住民の暮らす社会に戻ってゆく。そして、前歴を隠して生活を始める出所者が大半なのだ。

だが、〝前歴〟がわかってしまうと地域社会での生活は破綻して、再び犯罪の道に走ってしまう。いわゆる「再犯者」になってしまうのだ。その悪循環を断ち切るために「コミュニティ・プリズン構想」が生まれた。「地域社会と出所者の共生」である。しかし、出所者が自らの前歴を明かして地域社会に溶け込んで暮らしてゆくのは、相当の覚悟と自信があっても現実は難しい。

そのことを語ってくれたのが福島の「更生保護法人至道《しどう》会」（第四章で詳述）の取材後に、東京で保護会生活をしている吉井正一（仮名）さん六十五歳。彼は黒羽刑務所を二〇一九年九月に仮出所して、浅草の食堂でアルバイトの身分で配膳係として働いていた。一日八時間労働の職場であった。

「保護会で生活をはじめて求人広告を頼りに職（飲食関係）を探して、今の会社に決めて履歴書には保護会の住所を書きましたが、面接した担当者が『保護会』のことを知っているかどうか、そのことが心配でした。三日後には採用通知が来たので、ほっとしました。〝前科者〟という負い目があります。それと、保護会で生活していることが分かれば、採用も断られるだろうと、いちばん心配したのは自分の境遇でした」

彼は「保護会」の住所で「住民登録」をしており、その住所から保護会という施設の内情が相手に分かってしまうことを、いちばん、懸念したという。そして、自分が刑務所を出所した〝前科者〟であることを……。そのため、できるだけ貯金をして四ヶ月を目標に六十万円を貯めて保護会を出て、アパート暮らしを始めたいと希望を語っている。つまり保護会の住民登録を変更することで、会社に過去のことを隠せると考えているようだ。福島の「至道会」で取材した松本猛（仮名）さん三十歳も、「保護会」の住民登録のことがいちばん気がかりであると、話していた。

住む場所と働き口。この問題を個人で解決するには限界がある。そのために、出所者を支援する「更生保護施設」があるのだが、入寮者の率直な意見を聞くと、「過去歴」を承知で採用してくれる「協力雇用主」の会社に就職するのが、働き口の確保には最短距離の道であることを語っている。

ただ、至道会のケースは紹介してくれる職場の大半が土建関係という「職場環境」ばかりで、若い世代はともかく、高齢者になると、その職場すら働き口は狭くなるようだ。年齢制限がネックになっているのも、「現場仕事」の危険性が忖度されるためであろう。

「地域社会と出所者の共生」という政策課題は政府の音頭ではじまり、一定の成果をあげているものの、社会の共通認識には至っていないのではないか。

一言でいえば「隣人に元犯罪者」が住んでいれば警戒し不安になる。その典型的なケースが「更生保護施設」の存在である。地域住民との共生のあり方については第四章で詳述している。「更生保護法人至道会」の地道な活動が地元民に理解されるまでの経緯を、具体的にルポしているので実情が分かると思う。同一の施設は全国に百三ヵ所（二〇一九年時点）置かれている。

# 第三章　黒羽刑務所見聞録

## 塀の中の生活

こんな、ホームページの記事が目に止まった。要約して紹介しておく。

現在のスイスの刑務所は二十〜三十歳の受刑者を想定して作られているため、高齢受刑者に対応する設備が整っていない。そのため、「高齢受刑者」の獄中死が問題になってきた。二〇〇七年には六十歳以上の受刑者が一〇三人であったが、十年後の一七年には二五七人に増加し、そのうち七十歳以上の高齢者は五六人になっている。

連邦統計局によれば今後、高齢受刑者の収容人員は二〇三〇年には三倍、四〇年には六倍の数値に達すると予測している。」

それと「獄死」の現状についてベルン大学犯罪学研究所のホーシュテッットラー研究員は、「誰も自分の意志に反して刑務所で死を迎えるべきではない」と語っており、現状の刑務所施設について「刑務所には十分なインフラが整っていない上、適切な訓練を受けた職員もいない」、そして「刑務所の規則、手順、および実習では（病気・老衰などの）自然死が全く考慮されていない」点が、問題だと指摘している。また、「獄死」の原因は受刑者による殺人と自殺がほとんどだ。それと、医療についても保安上の理由が優先するために、医療面が厳しく制限されていて、適切な治療を受けられないケースがある。そのための対策として「医療設備を刑務所内に整備する必要がある」とも、指摘している。（『ＳＷＩ』swissinfo.ch　二〇一九年八月二十三日掲載号）

スイスは人口八五四万人の重武装中立国家として知られ、国民の生活水準は高レベルだが、犯罪も多発している。二五％超が外国人で占められ、「殺人、麻薬、財産略取、レイプ」が主な犯罪だ。スイスも近年は受刑者の高齢化が問題になり、その対策に苦慮しているようだ。

二〇一七年には七十歳以上の高齢受刑者が五六人。日本の人口は一億二六七一万人。スイスの人口の一四・八倍になり、七十歳以上を比較してみると、人口比で八二九人ということになる。決して少ない数字ではない。

　記事を読む限り、日本の刑務所のほうが「高齢受刑者の処遇」や「医療」に関しては、先進的と思われるが、スイスといえども「高齢受刑者」の問題は国レベルで対応策を考える時代になってきたようだ。


　まだ、真夏日が続く九月上旬、栃木県の北部に位置する大田原市の郊外に「黒羽刑務所」を訪ねた。市内といっても交通不便な辺鄙な場所で、最寄駅は東北新幹線（在来線との接続駅）那須塩原駅。刑務所へは東口から市営バス（一日上下十一本運行）に乗って田園地帯を十五分ほど走ると、県道から構内に進入して庁舎前で止まった。表門から庁舎までおよそ二〇〇メートルの一本道の左手には桜の木が植えられ、蟬時雨が聞こえてきた。右手には職員の四階建ての宿舎が並んでいる。広大な敷地の一角に駐車場がつくられており、県外ナンバーの車が多く駐車していた。バス停は刑務所の敷地内に置かれていた。

　四十八年前に開庁された同所は「老朽化」と「収容受刑者の減少」などの理由で数年後には廃庁の予定とか……。

　二〇一九年現在、わが国には「刑務所＝五三、支所＝八、少年刑務所＝六、医療刑務所＝四」があり、他にＰＦＩ方式と呼ばれる官民共同で管理、運用している「社会復帰促進センター」と呼ばれる刑務所が四ヵ所ある。受刑者の数は四万七千人余り、初犯で刑期十年以下の者はA指標の初犯刑務所に収容されるが、再犯者や暴力団関係者はB指標の累犯刑務所に収容されている。

ここは、「A指標」の刑務所で収容定員は一七八〇人。大規模刑務所だ。施設を案内してくれるのは庶務課長の藤谷宏二氏（矯正副長）。取材前に渡されたのが本日のスケジュール表だが、時間割がびっしりと書き込まれていた。十時取材開始、十六時五十分の終了まで昼食時間を除いて十分〜三十分の間隔で所内を移動することになる。〝時間管理〟が徹底したなかでの取材行なのだ。ここは、時間で行動を管理する〝刑務所〟なのだということに妙に感心してしまった。〝収容区域〟（受刑者が生活する区域）に入る前に課長から施設の概況説明があった。

「ここの収容定員は一七八〇人ですが、九月十一日現在の収容者は総員で五五四名。刑が確定した東京拘置所からの移送者が多いのですが、二年六ヶ月後の廃庁が決まっているため現在は移送が中止されています。収容者の処遇も満期、仮釈放の時期に合わせて調整していますが、刑期が廃庁予定の令和四年（二〇二二年）三月三十一日以降の収容者が約九〇人いますので、それらの収容者をどこの施設に移送するかという問題も、いまから検討を始めているんです。

これから案内する工場は10工場といって、他の工場で刑務作業が困難な〝要介護者〟を主として集めて作業をさせており、現在（九月十二日）二七名中六十五歳以上が一一名です。〝要介護者〟は平成十八年五月に訓令の矯正第三三四号で指定された『p・m』処遇指標の収容者です。『p・m』とは（第一章で詳述）『軽度の精神障害者、身体に欠陥のある者、認知症を発症している者』などです。では、工場の方に案内したいと思います」

**要介護者の実情**

10工場で働く受刑者のタイムテーブルは、以下のようになっていた。

起床　　六・三〇（休業日七・四〇）
点検　　六・四〇（同　七・五〇）
朝食（居室）　六・五五（同　八・〇〇）
作業開始　七・四〇
休息（午前一回不定期）
昼食（工場内の食堂）　一二・〇〇〜一二・四〇
体操（元気プログラム）週一回（原則水曜日実施）
作業開始　一二・四〇

終業　　一五・三五（一般受刑者一六・二〇）
帰寮　　一五・三五（一般受刑者一六・二五）
点検　　一六・四〇
夕食（居室）　一六・四五
余暇時間　一七・〇〇～二一・〇〇
仮就寝　一九・〇〇
就寝　　二一・〇〇（一般受刑者も同じ）

課長は説明しながらも腕時計にちらちらと目線を這わせて、時間を気にしはじめた。それにしても、受刑者の数が定員の三分の一以下とは、その数字に驚いてしまった。〝収容区域〟と呼ばれるエリアに入るには三重の扉を通り抜ける。受刑者が生活する二～四階建て七棟の〝寮舎〟は工場と平行して建てられており、東西が渡り廊下で結ばれていた。南北に延びる最長の廊下は端から端まで四〇〇メートルはありそうだ。収容区域内でも警備会社の社員が働いていた。

寮舎は空室だらけで夜間になれば無人の空間が広がっているのだろう（寮舎の取材はスケジュールに入っている）。最初に案内されたのは〝要介護者〟が働く10工場だ。小学校の体育館の

10工場の作業風景

郷土玩具を製作に集中する高齢受刑者

ように広い工場は採光も十分で、受刑者二七名が担当台に向かって配置された各自の作業机で黙々と製品作りに励んでいる。

「ここで彼らは民芸品の製作とハンガーの組み立てをしていますが、民芸品製作はハンガー組み立てよりも技術が必要なので属性p・m収容者のなかでも手先が器用な者を選んで作業に当たらせています」

文具の組み立て、紙袋製作などの軽作業に従事している要介護受刑者は、寮舎のなかに作られた生活居室で作業をさせている。工場への移動が困難な受刑者だけを集めた養護工場だ。ここは寮舎の部屋を作業が出来るように改修して使っていた。

一般受刑者が働く工場は、離れた別棟に八ヵ所作られていて、そこでは木工製品や印刷物、機械部品など多種多様な製品を下請工場として受注し、なかには「刑務作業製品」として作っているものもある。黒羽の名産品は〝かつてはステンドグラスのランプシェード〟で、即売会ではいつも完売したというが、現在は製品としては作っていないそうだ。それと、この八ヵ所の工場でも六十五歳以上の健常者の受刑者四六名が働いている。

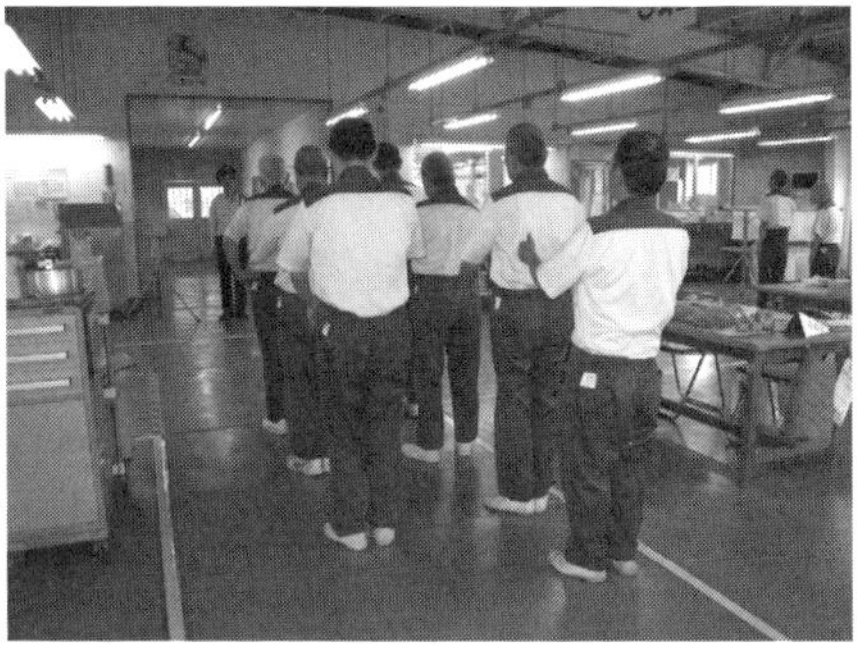

昼食前の点呼を整列して受ける受刑者たち

その日の昼食（メインのおかずはチキンのハーブ焼とマカロニの和え物）

ハンガー組み立てをしている受刑者の傍らで作業の手順を見学してみた。五人の受刑者は組み立てのスピードはまちまちで、作業効率は個人差があるものの作業指示書に従って指先を器用に動かしていた。ハンガー組み立ての後方で民芸品の製作に取り組む受刑者の手元を覗き込む。紙やすりを使って磨いた材料のボール紙を、金属製の型押し器に貼り付けてゆ

一般食とは別メニューの老人食を口にする受刑者

く。単純作業に見えるが均等にボール紙を貼り付けるのは熟練を要する作業だ。一個の民芸品を完成させるのに三十分はかかるのではないか。手元が震えている受刑者が数人いた。

昼食時間は正午から四十分間で工場内の食堂を利用する。本日は、コッペパンに小袋入りのジャム、豆乳、チキンのハーブ焼、マカロニの和え物、汁物と学校給食並みの献立になっている。なかにはパンの代わりに粥食を食べている受刑者もいたが、談笑しながら食事を摂るものは一人もいない。閉塞感を覚えるのだが、彼らは取材者の目線を意識して寡黙になっているのだろうか……。薬缶の茶は自由に飲んでいた。

午後は作業開始前に「元気プログラム」という独特の体操が二十分間実施されていた。民間委託事業者の指導員の掛け声に合わせて受刑者が両手を伸ばし、上体を屈伸させ指を折り曲げたりする運動なのだが、全員の動きはなかなか揃わない。号令についてゆけない受刑者もいるわけだ。

食事について献立が「学校給食並み」と書いたが、予算は収容費として細かく決められている。

刑務所に受刑者を収容しておくためには諸々の費用が必要になってくる。そして、その費用には食費、被服費、光熱費、医療費、備品代（ペーパー類、石鹸、歯磨き粉、歯ブラシ、タオル、新聞、図書）などがあり、法務省矯正局は二〇一六年度の実行予算を被収容者一人当たり「矯正収容費」として一日一八〇三円を計上している。

内訳

・主食費　一〇一・五〇円　副食費　四三一・六七円
・被服費（寝具を含む）　一五〇円
・光熱費　四八六円
・医療費　三二五円
・備品代　一二八円
・施設の管理費　一二一・二五円
・其の他　五九・五八円

受刑者一人にかかる収容費は年間で、一八〇三円×三六五日＝六五万八〇九五円。この数字の多寡についてここでは論じないが、直接経費として受刑者を一人、収容して生活させるために国はこれだけの金額を使っていることが、資料から読み取れる。黒羽の場合、「高齢受刑者」に限定すれば他にも「車椅子、シルバーカー、バリアフリーの設備、介護食、紙おむつ」などの費用が加算されているわけで、「高齢受刑者」の収容費は一般受刑者（健常者）よりも、多いことが物品や数字から類推できる。そして、ここには、「精神障害者、知的障害者」のほかにも認知症を発症している受刑者も服役しているのだ（資料は「犯罪白書」「矯正統計年報」に依拠した）。

要介護者が働く工場で十一年前に「用務者」としてオットメしていた知人の本間龍さんが以前、体験を綴った著書（『名もなき受刑者たちへ――「黒羽刑務所 第16工場」体験記』宝島SUGOI文庫）を献呈してくれた。彼は詐欺罪で実刑二年の判決であったが正味十一ヶ月、同所で用務者として服役していた。内容は第16工場の様子を虚飾もなくリアルに描いたものだ。彼とは取材前に久しぶりに会って十一年前の体験を語ってもらっている。

「用務者」とは工場担当刑務官の補佐係で、受刑者の食事の準備から計算、材料、製品の運搬、作業指導補助など工場の機能が円滑に始動するための雑務なのだか、きわめて重要なポジションなのだ。受刑者のなかから選抜された代表選手というところか。

本間さんと再会したのは五年ぶりになる。五十七歳。出所後、文筆業を目指しながら過去の職歴（広告会社に勤務）を生かして多方面で活躍していた。表情は出所後の〝負の遺産〟を克服した自信に溢れていた。「用務者」として勤めていた時代の話を聞かせてもらった。

「わたしがオツトメしたのは二〇〇六年（平成十八年）の秋から十一ヶ月間のわずかな期間でした。いわゆる〝ションベン刑〟です（笑）。出てから十一年も経ったんですね。黒羽と聞くと懐かしいですよ。あそこでは、ホント、いろいろと勉強させてもらいました。わたしは第16工場（著者注・現在は廃止されている）で要介護者の世話をする〝用務者〟の仕事をしていたので、介護老人問題には関心が向いているんです。いずれ、わたしも〝お仲間〟になるわけですから（笑）。

当時のことを話すと長いストーリーになってしまうので、この文庫（前掲書）を参考にしてください。正確に書いたつもりです。現況は分かりませんが、当時とそれほど高齢者の処遇は変わっていないと思います。わたしがツトメていた時代、受刑者は一七〇〇人以上いました。そのうち要介護者が七〇名はいたと記憶しています。工場も15と16の二工場ありましたから……」

このあと彼は黒羽時代を回想したようで暫し、沈黙して喫茶店の天井に視線を這わせた。

以下は文庫に記された16工場の様子を引用することにする。

〈そもそも、耳が遠い老人や認知症の高齢者たちに作業手順を教えるのは容易ではない。そうすると説明（著者注・受刑者に対して）が自然と大声になってしまうが、そのことで周囲の人間の集中力まで削いでしまうから、かなりやっかいだ。また、規律違反を注意しても、何がどう悪いのか理解できない人が多いから、禅問答のような会話になることが多い。懲罰（著者注・規則や遵守事項に反した行為があった場合、懲罰審査会に諮られ所定の罰則が言い渡される）とは、ことの善悪を認識できる者には有効だが、判断能力がない相手には徒労に終わる。オヤジ（著者注・担当刑務官）たちもそのあたりはよくわかっているので、極力無駄なことはしないのだ〉

この現場の雰囲気は十一年前と今日でも、それほど変わっていないのではないか。

10工場の要介護者の人員は二七名。そのうち六十五歳以上の者が一一名就業していた。腕に「用務者」の腕章をつけた受刑者も四人働いていた。就業者は本間さんがオットメしていた当時の約三〇％に減ってしまった。現状について勤務歴十年選手の星真一看守部長に話を聞いてみた。

## 第10工場担当刑務官に聞く

――処遇上、いちばんの問題点はどんなことですか。

**星**　――「物忘れ」のひどい受刑者の扱いです。この工場では〝処遇指標m〟の受刑者が働いていますが、なかに二人が「認知症」と診断され、あとでインタビューすると思いますが、阪田茂樹（仮名）の症状が進行していることが心配なんです。年齢も七十九になるので気がかりです。

――「物忘れ」の具体的な症状とは、どんなところで把握できるのですか。

**星**　刑務所は集団生活ですから、マニュアルといいますか、所内生活の遵守事項がこまごまと定められています。例えば〝洗濯日〟も毎週、曜日によって〝パンツ、シャツ、房内着〟と分けて各人が袋に入れて工場に持ってくるんですが、阪田の場合は毎回、指定されたものと違う洗濯物が袋に入れてあるんです。注意すると、その時は「次回からは約束を守ります」と返事がありますが、次の洗濯日では指定された洗濯物とまた、違うものが袋に入れてある。その繰り返しなんです。注意は怒鳴ったりはしません。本人は「認知症」の自覚がないんです。

――一人の受刑者に対して時間を割いて説諭するなど、他の受刑者もいるわけですから、それは物理的に無理ではないですか。

**星**　そうです。阪田の症状は他の受刑者も知っているので、最小限の時間で喚起しています。それと作業中も彼の動向は注視しています。事故でも起こると困るので……。

――受刑者の心身の状態などを、どのような機会に把握するのですか。

**星**　出房前、始業前、運動の前に全員が整列する時間がありますが、その時に一一名の顔色、表情、態度、姿勢などを注視して観察します。気になった相手には声掛けして、その反応から心身の状態を判断するんです。専門的ではありませんが、この観察は有効なんです。

――ここは二七名の工場ですね。他の高齢受刑者はどこで働いていますか。

**星**　集団で作業ができない他の要介護者は「養護工場」で働かせています。現在四名で、一名が休養になっています。

――星さんは、10工場の勤務が長いのですか。

**星**　本担（工場の責任者）になったのは今年からで、その前は他の工場で「副担」（本担の補佐役）をしていました。活気のある工場とは雰囲気がだいぶ違いますが、刑務所でも社会では弱者として扱われている「認知症患者や身体障害者」の受刑者を介助している姿を見ていて、刑務官の仕事に誇りをもちました。それを自覚したのは、この工場の担当になってからでした。

――星さんは、こちらの質問に堂々とお答えになる。事前に幹部職員との打ち合わせなどしているのですか。

**星**　〝隠す〟ことなんてなにもありませんから、想定問答なんてやっていません。自分の思っていることを素直に話しただけです。刑務官の仕事は〝人間相手〟です。こんな、濃密な人間関係など他の職種では経験できないでしょうね。わたしは二七名の個性を全部把握しています。処遇も、相手（受刑者）の個性に合った方法で実行しているんです。

――工場担当になったとき先輩から注意というか、受刑者との関係についてアドバイスなど受けたことがありますか。

**星**　受刑者を信頼することは大事だ。だが、「信用」はするな。こんなアドバイスがありましたが、わたしのモットーは「信頼したら相手を徹底的に信用しろ」と自覚しています。その〝自戒〟を通して勤務しているので、いままでのところ受刑者から裏切られたことはありません。

――刑務所は、いまや、「介護施設」「老人ホーム」になってしまったなどと、非難されることがありますが、現実はどうなんでしょうか。

**星**　その捉え方は当てはまらないと思います。確かに高齢受刑者は増加していますが、反面、刑務官の定数は増えずに、仕事量は増えるばかりで高齢者の

受刑者の車椅子を押す刑務官

介助に時間を取られてしまいます。刑の執行が刑務所の役割ですが、要介護者の処遇は執行と同時に「健康や安全」といった面からも一般受刑者よりも気を使うんです。一般社会の施設と比べて、ここが「介護施設」と呼ぶだけの設備と人材を揃えているとは思えません。だいいち〝理学療法士〟の資格をもった職員は勤務していませんから。それでも、経験を通して学んだ要介護者の介助をなんとか、こなしているのが実情なんです。

――最後の質問です。受刑者に対してもっとも神経をつかう仕事はなんですか。それと、作業報奨金のことを教えてください。

**星**　受刑者にとっていちばんの楽しみは食事なんです。配食のときが神経を使います。〝汁物〟が献立に出ると食器に均等に入れても多い少ないの差が出てしまいます。そこで、調整するために〝レンゲ〟を使ってさらに均等に盛り付けします。受刑者全員の目が光っていますから……。配食の担当は用務者なんですが、役得がないように盛り付けはわたしがやります。どこの工場でも担当さんがいちばん神経を使うのは、食事の配食のときだと思います。

作業報奨金は月に一回、本人に告知します。平均して月額三千円、この金額に対してなかには「シール貼りの仕事で多すぎないか」なんて言うものもいますが、その時は「仕事の成果なんだから間違いないよ」と、教えるんです。本人は嬉しそうな表情になります。「仕事の成果」を理解してくれるんですね。

看守部長から聞かされた「要介護者」の処遇は作業よりも「健康や安全」を優先する指導を徹底しているそうだ。一一名の高齢受刑者は黙々と作業に精を出していた。担当台の後ろには「安全」を強調した標語が「ひらがなとカタカナ」で書かれていた。〝あたり前のことを　ボンヤリせずに　ちゃんとしようヨシ！〟。この標語から10工場の存在が読み取れた。

## 刑務所の「介護部門」

つぎに案内してくれたのは病棟を改造して作られた「養護工場」だ。課長から「受刑者には声を掛けないでください」と事前に告知されている。部屋が三ヵ房あった。ここは、工場と呼んでいるものの、部屋のなかでは四人が紐を結んだり解いたり、パズルのピースを盤にはめ込んだりしていた。生産作業とはほど遠い〝指の運動〟に励んでいるのだ。四人は〝処遇指標m〟の六十五歳以上の受刑者で、集団行動がとれない人たちであった。ここでも、二人の「用務者」が働いていた。部屋の扉には「減塩食、粥食軟菜」と書かれた特別食のメニューが吊るされていた。入浴は実見できなかったが、入浴の際は刑務官が付き添って身体を洗ったり、洗髪するなどの介助をするそうだ。備品倉庫には「紙おむつ」が大量に用意されていた。

紙おむつも棚にストックされている

ここで生活する受刑者は〝病人〟ということで毎日、処方された薬の投薬がなされている。そして、日中でも窓にはカーテンが引かれ横臥することが許可されていた。時間も指定されていて午前九時から午後三時まで。黄色の許可書がドアの下に貼られている。投薬の時間には刑務官（准看護師の資格をもつ）が薬袋やカプセルを本人に手渡しして、目の前で服用するのを確認する。隠匿を防ぐための対処だという。エアコンの使用も制限されていた。

住み心地は病人にとって決して快適な環境とは言いがたいが、ここで生活している間は、刑務官や用務者の世話で安心して刑期を勤めることができそうだ。ふたたび、部屋を覗いてみた。受刑者たちはわき目もふらずに先出の作業に没頭していた。だが、二人の高齢者は作業を何度も中断して、最初からの手順に従って同じことを繰り返していたが、そのうち作業を諦めたのか、横にゴロンと横臥してしまった。担当刑務官がその態度を注意するも、本人は聞く耳をもたなかった。

「彼は〝横臥許可〟が出ていないので、その度に注意するのですが忘れてしまうんですね。最近は認知症が進行してきたみたいなんです。彼らのような高齢受刑者を面倒見るのも一苦労です。これから先、刑務所の高齢受刑者は多くなるようですが、刑務官の仕事は、いま以上に負担が大きくなると思います」（養護工場担当刑務官）

課長に出所後の支援について尋ねてみた。

「病人なので彼らは出所までここで生活するわけですが、その先の支援については『分類教育部』が管轄していて『福祉専門官』が担当することになっています。のちほど、専門官とのインタビューも設定しています。ところで、ここを見学してどんな印象をもたれましたか？」

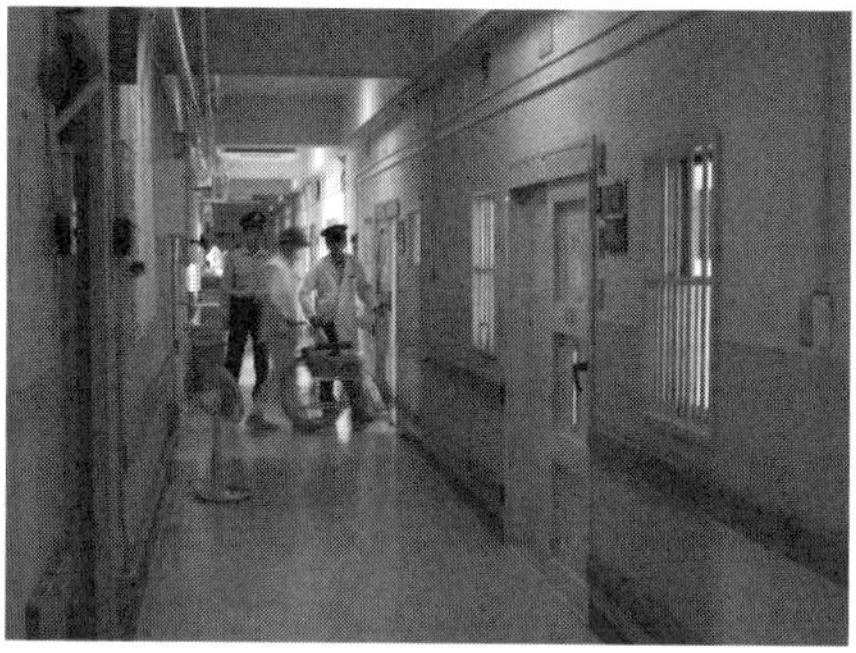

養護工場で用務係が車椅子を居室に運び入れている

「静まりかえった部屋で、受刑者同士の会話もなく単純な作業に明け暮れる姿を見ていると、健常者では息が詰まって叫んでしまいたい衝動に駆られてしまいますよ。ここは、刑務所の『介護部門』なんですね。象徴しているのが車椅子やシルバーカー、それに、バリアフリーの手摺りや廊下ですか。10工場とは、まるで雰囲気が違いますが、認知症受刑者の処遇が大変なことを知りました」

率直に感想を伝えた。課長はうなずきながらメモを取っていた。

## 二人の高齢受刑者インタビュー

福祉専門官のインタビューの前に、二人の高齢受刑者の話を聞く時間もセッティングされていた（こちらの希望だが）。最初は六十一歳の北岡広司（仮名）。傷害と殺人未遂で服役していた。二〇二〇年五月出所予定者だ。刑務官に車椅子を押されて病棟の一階につくられた教室でのインタビューになった。

「はじめまして。面会以外、外の人と話すのは久しぶりなんです。所内で会話を交わせるのは仲間か先生（看守）だけなんで、今日は一気にしゃべりたい気分です」

私は北岡の饒舌な会話に引き込まれていった。インタビューは〝ガス抜き〟になるのだろう。以下は北岡の口から出た「人生譚」である。

「今年（二〇一九年）で六十一歳になりました。出所は満期を希望しました。それだけの罪を犯したわけですから被害者に対して、せめてもの償いとして満期で出所したいのです。被害者は親族二人です。わたしは東京近郊の街で生まれました。叔父が反社会勢力といわれる暴力団の組長で、そこで、〝クスリ〟の仕切りを一手に任されていたんですが『構成員』にはなっていませんでした。

　今回の事件は親族と取引のことでもめて、私の部屋で相手を刃物で切りつけてしまったんです。そのときも車椅子に座っていて、立っている二人に切りつけたんですが手が伸びずに一人は首筋を刺し、もう一人は右手を切断する重傷を負わせてしまいました。犯行時は〝酒と睡眠導入剤〟を一緒に飲んで、クスリも打っていたので現場の状況が全く記憶にないんです。そのことは警察や検察の取り調べの際にも話しましたが、信用してくれませんでしたね。今でも、犯行時のことは、よく思い出せないんです」

　北岡は、しきりに〝犯行時の記憶〟について回想するが、同時に、裁判の経過と自らの出自についても語り始めた。

「三人兄弟の長男として生まれました。父親は会社を経営していて、わたしは役員としての席がありましたが、実生活の舞台は叔父の組でした。クスリの卸しの仕事を任されていたんですが、〝ご法度〟のクスリに手を出して幻覚症状がでるほど、打ちまくったんです。まあ、そのことが被害者と揉める遠因にもなっていたんです。

　公判の焦点は『殺意』と『精神状態』に絞られ、判決まで一年半ほどかかりました。その間に精神鑑定を数回受けましたが、判決は『心神耗弱は認められたものの、刑事責任能力は有している』との判定で、求刑八年、判決は懲役六年でした。弁護士は『心神耗弱状態での犯行であった』との控訴理由で控訴することを勧めましたが、わたしは、身内のものを二人もヤッテしまったので、一審で罪に服して刑務所へ行くことを選択しました。『精神障害者一級』の手帳も交付されています。六年の判決で未決通算（拘置所の拘留期間）をもらいましたので実質五年三月の服役になります。

三十代のころは相当な〝ワル〟でしたよ。〝クスリ〟も結構やっていて一日、多いときは五、六回は打っていましたが、不思議と注射痕が残っていないんです。取り調べでも〝覚醒剤使用〟の件は徹底的に調べられましたが、物（クスリと注射器）も出なかったので、覚醒剤に関する罪名はつかずに起訴は『傷害と殺人未遂』だけでした。公判で弁護士は『傷害』は該当しないと反論しましたが、検察は『事前に刃物を用意しての犯行』ということから『傷害』も付けたんです」

北岡は頭の回転が速い人物のようだ。〝犯行時の状況〟は、ほとんど記憶にないと語りながらも、当時を回想する、その言葉は理路整然としていて、言葉の端々に〝自戒〟という強い意志を感じた。目の前で車椅子に座って言葉を発する人物が、〝反社会勢力〟の団体と関わり〝クスリ〟という商品を扱い、ハイリスク・ハイリターンの世界で莫大な利益を上げてきたことを、赤裸々に語る、その真意はなんなのか。また、〝出所後の生活設計〟のなかで具体的な数字も明かしてくれた。残刑は八ヶ月。出所は令和二年五月ということになる。満期出所を希望しているが、現在の生活はどのように送っているのか。

「病棟の雑居で同囚と一緒の共同生活です。日常は居室と工場の往復です。部屋のなかでは、自分の性格なんでしょうか、よく、喋っていますよ。マシンガン・トークのように。それと、勉強を始めました。娑婆にいるときは〝学ぶ〟なんてことには、全く関心がありませんでしたが、ここは考える時間がたっぷりあるでしょ。それで、簿記と国語、英語講座の〝TOEIC〟に挑戦しています。ほかには〝脳トレ〟の雑誌も購入してパズルを解くんですが、ハマっちゃいました。

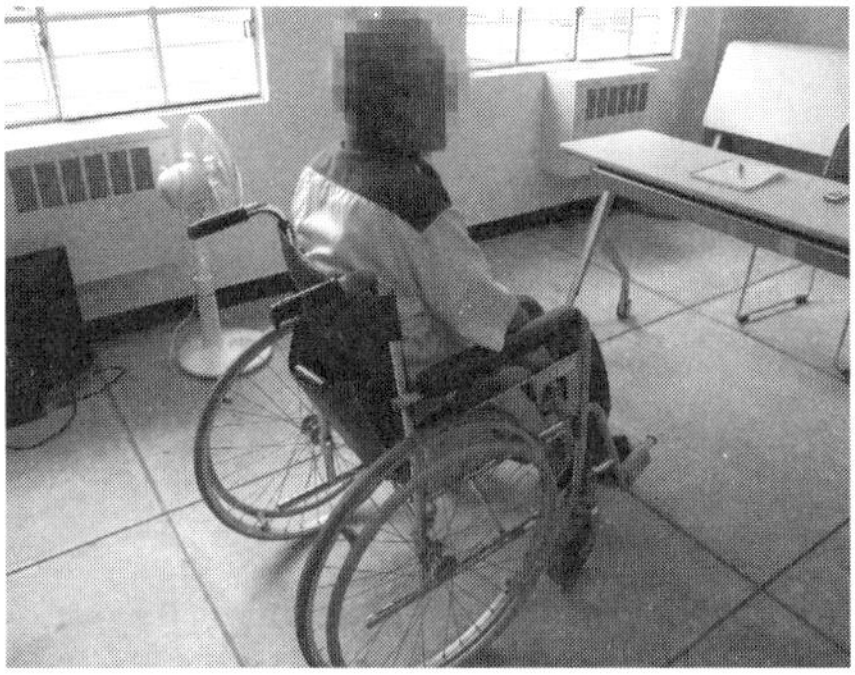
インタビューに答える北岡広司さん（61 歳・仮名）

病棟は二階に八人、一階に二人がいますが全員身障者なんです。ここに来て一五人の出入りがありましたが、そのうち八人の仲間を出所で見送りました。最高齢者は八十六歳でした。三十代の若い人もいましたが、大半の人が『衣食住なし。生活保護を申請』という人ばかりで、わたしの境遇と比べると、生活に恵まれない人ばかりでした。
ここに来た当初は覚醒剤の後遺症といいますか、禁断症状や幻覚も起きましたが、二年くらいで落ち着いてきて、その後は、それらの症状も消えました。ですが、いまここに、『クスリとポンプ』があれば、躊躇せずに使うと思います。わたしの体験から言わせてもらうと、〝覚醒剤の世界から完全に縁を切るのは難しい〟と思いますよ。一度でもハマルと、その魔力からは逃れられませんから。

わたしが、〝ミイラ取りがミイラ〟になってしまったその見本ですよ。それでも、自分に課した教訓があるんです。それは『これからは悪いことはしない。クスリから足を洗う』。娑婆に出たら年寄りの両親もいますので、面倒をみるという責任があります。そのために、出所後の生活設計もキチッと立てています。この計画はわたしの老後生活を決める大事な実行プランなんです」

自らの人生譚を赤裸々に語る北岡の言葉には、事実を明かしているという心証を強くした。それは、娑婆の生活を「反省」しての言葉というよりも、「自戒」を込めての正直な心中を明かしてくれたと、私は理解した。そして、〝両親の面倒をみる責任がある〟という。では、その計画とはどんなものなのか。

「いま友人と計画している事業は、戦後労働者の町として発展してきた地域。昔は〝ドヤ街〟(低額の簡易宿泊所が立ち並んでいた)なんて、呼んでいましたが、最近は外国人旅行者も立ち寄る小綺麗な街に変化してきています。その場所に『低額の宿泊施設』をつくろうと計画して、友人の口座に手付金の五千万を母親に頼んで、わたしのキャッシュカードで百回に分けて送金してもらいました。その友人とは共同経営で事業を始めるので、いま、土地付きの物件を探してもらっています。

わたしには金融ビジネスの世界に精通している友達もいて、〝株や金融商品の取引〟で結構、儲けさせてもらい、預貯金が二億くらいあるんです（なにげなく出た数字）。入居対象の利用者は生活保護の受給者で、彼らに自治体は日額二二五〇円を払っています（二〇一六年の保護費は単身者で五万二〇〇〇円の住宅扶助費が支給されている）。宿泊施設は『個室の部屋貸し』。食事のサービスはないので月額四万前後で利用できると計算しています。そうすれば、利用者の手元にも生活扶助費は残るので、住宅扶助費だけでもやっていけると考えているんです。この計画は『貧困ビジネス』ではありません。〝罪滅ぼしの社会貢献〟とわたしは自負しています」

二億円は真っ当な仕事で蓄えた預貯金だと北岡は説明した。逮捕時には家宅捜索も受けているが通帳、現金、キャッシュカードなどは、とくに証拠品として押収されなかったという。それにしても、二億の金を「金融ビジネス」で儲けたとは、北岡には〝商才〟があるようだ。出所まで残り時間は八ヶ月。その間の時間は長いのか、短いのか。

「過ぎた時間はそれほど長くは感じませんでしたが、先の見える時期になると、出所日までが長くてしょうがありません。それで毎日、部屋に戻ると集中して勉強に励んでいます。仲間は、わたしが身障者なのでいろいろと気遣ってくれるので、ホント、助かります。それと、出所日のことをあれこれ考えると、楽しさ半分、不安半分といった心境なんです。拘置所時代を含めると六年余り娑婆の世界を離れていますから、すぐに、社会復帰とはいかないと思います。それでも、わたしには〝帰る家もあるし、やる仕事も決まっている〟ので、現実社会に復帰するのにそれほど時間はかからないと思案しています」

北岡のマシンガン・トークは少し、歯切れが悪くなってきた。途切れなく話していれば疲れもでてくるだろう。呼吸が荒くなった感じだ。顔を見つめると上気している表情がよみとれた。十分に〝ガス抜き〟になったのではないか。

阪田茂樹（仮名）とのインタビューは処遇棟の委員面接室でおこなった。大柄な人物で頭は禿げていたが血色はよく、健康な表情をこちらに向けて穏やかな口ぶりで話すのだが、会話は行きつ戻りつで、質問と答えが空回りしてしまう。だが、生年月日と氏名は正確に覚えていた。

――お名前は、どんな字を書きますか。

**阪田**　おおさかの「阪」に、田んぼの「田」。名は草冠の「茂」に樹木の「樹」と書き、阪田茂樹といいます。

――生年月日は、いつですか。

**阪田**　昭和十五年〇月××日です。今年七十九歳になりました。

――入所日はいつでしたか。出所日はいつですか。

**阪田**　ここに来た日は、はっきりと覚えていないんですが、感覚では長袖のシャツを着ていたので秋口ごろだったと思います。出所予定日は今月の九月なんです。

――今日は九月の何日かわかりますか。

**阪田**　今日は何日ですか。

――九月〇日です。

**阪田**　あれ、〇日なら、もう、出てもいいですよね。おかしいな～。日にちを間違えているんですかね。

――働いている工場は何工場ですか。

**阪田**　一人個室で紙紐なんかを作っています（居室と工場での作業を混同しているようだ）。

――生活の不満はありますか。

**阪田**　食事は旨いし、とくに不満はありませんが、テレビが故障して見えないんです（勘違いのようだ）。

――どんな事件を起こしたのですか。罪名はなんですか。それと刑期は何年ですか。

**阪田**　会社のお金を無断で使ってしまい、それで裁判になったんです。罪名は窃盗だったと思いますが、違うんですかね（事件についての記憶は欠落していた）。判決は四年でした。

――別の話をしましょうか。阪田さんの御出身はどちらですか。

**阪田**　北海道の小樽です（曖昧）。

――ご両親とご家族は健在ですか。

**阪田**　わたしは五人兄弟の長男で、北海道には姉弟四人が住んでいます。妻とは離婚しており、子供たちとも疎遠になってしまいましたが、父は健在で小樽で暮らしているはずです。

――上京したのは、どんな機会でしたか。

**阪田**　中央大学の入試に合格して東京に出てきました。親父が飛行機代を出してくれたので飛行機を使って上京しました。

――大学を卒業して、どんな会社に勤めたのですか。

**阪田**　製缶会社の総務部でした。もう、半世紀も前のことです。その会社には五年くらい勤めましたが、そこを辞めてからは会社を転々としましたね。

――質問が飛びとびになってしまいますが、事件を起こした年月と会社の業種を教えてください。

**阪田**　当時、会社の寮で生活していましたが、その会社の名前は覚えてないです。業種といってもよく分かりませんが、ガラス製品を製造していた記憶があります。事件は四年くらい前に起こしたと思います。

この先、質問は続くのだが、事件をダイジェストで記しておく。

警視庁管内の警察署に逮捕されたのは二〇一五年六月二十四日。容疑は業務上横領であった。被害にあった会社は下町のガラス製造販売会社。同社には一九九八年から勤め始め、会社の経理を任されていて小切手や預金の管理を一人で担当していた。横領は二〇一〇年四月～九月の間で、半年の間に総額四七〇〇万円を着服していた。手口は小切手を換金して着服するという単純なもので、換金した金の使途については、取り調べのときに「よく思い出せない」と供述していた。

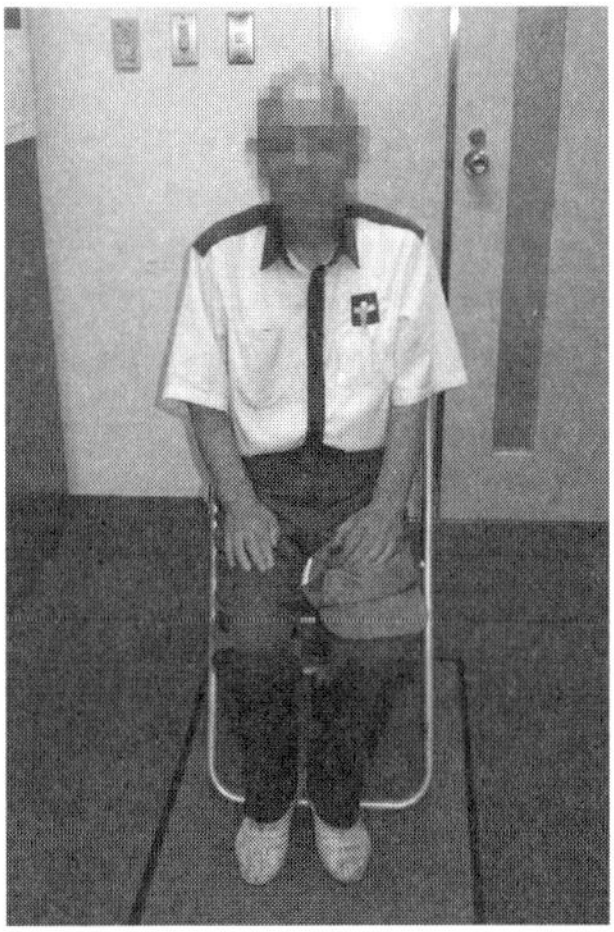

インタビューに答える阪田茂樹さん（79歳・仮名）

地裁の判決は実刑四年で未決通算（二〇四日）が実刑から引かれたので、服役するのは三年五月。私の計算では満期出所となれば残刑は二ヶ月余りなので二〇一九年十月。入所したのは二〇一六年六月ということになる。

阪田は「黒羽に来たのは秋口のころで長袖を着ていた」と記憶を遡っていたが、どうやら、認知症が進行してきたのではないのか。それに、「出所日」も正確に覚えていない状態では、出所後の生活にも当然、介護処置が必要になってくる高齢受刑者なのだ。

記憶は時代を遡るほど蘇ってくるようだが、逆に時間が経過するに従い新しい記憶は薄れてしまう「認知症」の典型的な症状を発症していた。だが、家族の消息については記憶が相当ずれていた。私は質問を続けた。

――お父さんのお生まれはいつですか。

**阪田**　大正二年（一九一三年）です（はっきりと答える）。

――ということは、今年百五歳か百六歳になりますね。最近、お会いになっているのですか。

**阪田**　そんな歳ですか。東京に出てからはほとんど会っていませんが、風の便りで健康な生活を送っていると聞いています。

――お父さんのお仕事はなんでしたか。

**阪田**　地方都市の警察署の幹部警察官でした。わたしが、こんな体たらくな生活をしていることを知ったら激昂すると思います。親爺の顔に泥を塗ってしまったわけですから……（幹部警察官はともかく、警察に勤務していたのは事実のようだ)。

――面会や手紙はあるのですか。

**阪田**　面会は一度もありません。手紙にしても弟から一通、便りが届いたことがありますが、母親は元気でやっているという知らせでした。父親のことは何も書いてありませんでした。

――出所したら、どこへ帰るのですか。

**阪田**　親族を頼って生活の相談をしたいと思っています。

――親族の連絡先を知っているのですか。

**阪田**　よくわからないのですが、記憶にある場所を探してみます。

――阪田さんのように「認知症」を発症している受刑者に対して、ここでは、出所後の生活をケアする係がありますが、面談を受けたことはありますか。

**阪田**　わたしが「認知症」ですか。物忘れがひどくなったことは自覚していますが、その係の人と面談した記憶がないんです。

阪田へのインタビューは、これで終わりにした。「記憶障害」は認知症の範疇に入るが、本人には、その自覚がない。質問しても、なかなか、事実に辿りつけなかった。彼には、出所後の社会支援が頼みの綱になりそうだ。

「認知症」は「日常の生活動作や遂行能力に支障をきたす症状」と定義されており、「時間」「空間」「人間」の障害といわれている。この相互関係を分かりやすく説明すると、こんな解釈になるのではないか。

「時間」は、現在から過去へと遡行的に失われてゆく。「空間」は、いまという現在が分からなくなり、慣れ知った道に迷い込んでしまう。「人間」は、身近な人が分からなくなってしまう。いずれの単語にも「間」という共通語が含まれるが、認知症の人は、その「間」をつなぐことが出来ずにコミュニケーション能力が劣化する。さらに記憶力が後退して記憶因子の一部、あるいはすべてを失い、孤立して「間」をつなぐ関係性が崩壊してしまい、時間の経過とともに、「時間」「空間」「人間」の相互関係がショートしてしまう。その状態が継続して進行することで、「善悪の判断」などを喪失してしまうということなのだろう。

## 福祉専門官とはどんな仕事なのか

インタビューの最後は阪田も担当している福祉専門官の平間由紀氏から「高齢受刑者」の実情について話を聞くことであった。場所は分類教育部の三階の応接室。

彼女は九年前に黒羽刑務所で勤務を始めていた。まず、質問したのは「刑務所という特殊な世界」を就職先として選んだ理由について、であった。女性刑務官は数多く勤務しているだろうが、「社会福祉士」の国家資格で勤務する女性は、珍しいのではあるまいか。

**平間**　平成二十二年（二〇一〇年）四月から勤務を始めました。それ以前は一般社会で介護士として働いていました。社会福祉士の資格を取得したこともあって、この地（大田原市）で資格を生かせる職場を探していましたが、実務経験がないと採用が難しかった。ちょうど、そんな時期に黒羽で「社会福祉士」の有資格者を募集していたので、応募して〝非常勤の国家公務員〟として採用されました。刑務所勤務といっても、それほど抵抗感はありませんでした。黒羽刑務所で「福祉専門官」として採用されたのは平成二十八年（二〇一六年）五月からで、身分は常勤の国家公務員になりました。

――〝男所帯〟の刑務所で働き始めて、戸惑うことが多かったのではありませんか。

**平間**　そうですね（考える）、最初は職員の方が〝大きな声で号令〟をかけている場面に出会ったときは驚きました。

――非常勤の時代を入れると、今年で勤続九年になりますね。他の施設で「福祉専門官」の職種を置いているところは、どこの施設ですか。

**平間**　関東管内で最初に福祉専門官が配置されたのは府中刑務所と八王子医療刑務所（現在の東日本成人矯正医療センター）で、年々配置される刑務所が増えてきました（二〇一八年＝平成三十年現在、全国の刑務所に四八人の専門官が配置されている）。

――平間さんはここで、専門官として働いているわけですが、具体的な仕事の内容を教えてください。

**平間**　わたしが担当する部門は「受刑者の出所後の生活がスムーズに進むかどうか、自治体や社会支援組織などとの交渉や受け入れについての相談をするのが主な仕事なんですが、正直に言って、「刑務所を出てきた人たち」を、そう簡単に受け入れてくれる社会環境は、まだまだ、できていないと感じています。〝なんで厄介者を当市で受け入れなくてはならないのか〟そんな対応をする自治体もあります。

――そこを、どのようにして先方の担当者を説得するのですか。嫌味ばかり言われるわけですね。

**平間**　まあ、歓迎はしてくれませんね。そこで本人の窮状を話すんです。帰住先にそちらを希望しているのは過去に生活歴があるので、そちらでもう一度、人生のやり直しをしたい希望がありますと。自治体にお願いするのは、まず「生活保護や医療給付」の受給についての相談からなんです。

――平間さんが担当している支援対象者は高齢受刑者だけなんですか。

**平間**　一般工場で働いている健常者の受刑者も対象です。健常者の方は「生活保護とか年金、更生保護施設」などについては、よく知っていますが、要介護者の方は、ほとんど知識がありません。

――高齢者に対する所内での教育などはあるんですか。

**平間**　「社会復帰支援指導プログラム」というのがありまして、社会生活に必要な基礎的な知識を学んでもらっています。内容は福祉制度を利用するサービス、金銭管理の必要性、社会と協調して生きて行くためのモラルやルールなどについての説明ですね。

――ところで、先ほど阪田さんをインタビューしたのですが、印象は「認知症」が進行していると感じました。

**平間**　彼は〝特別調整〟の対象者で、現在、環境調整をやっているところなんです。

特別調整について法務省示達では次のような指針を定めている。

〈高齢又は障害を有する者が釈放されたのち、速やかに公共の衛生福祉に関する機関等により、必要な介護、医療、年金その他の各種サービスを受けられるようにし、もってその円滑な社会復帰を図るものとする〉

阪田は、この特別調整の対象者で、平間さんは目下出所後の受け入れ先をアテンドしているそうだ。

——阪田さんは入所日と出所日を覚えていないんですが、正確には、いつなんでしょうか。

**平間**　個人情報に関わるご質問なので、申し訳ありませんが、その点に関してはお話しできないのでご理解ください（毅然とした態度で理由を語る）。

——お仕事は、出所者の社会復帰を手助けする「専門職」ですね。過去に、手がけた事案で相手に裏切られたというか、失敗したケースはありますか。

**平間**　そうですね、こんなケースを体験したことがあります。釈放が近い人で「医療介護」が必要な人でした。引き受けてくれる病院も決まって出所と同時に入院させたんですが、病院の売店で万引きをしてしまい逮捕されました。本当だったら受けられる支援も受けられなくなりました。報告を受けたときは、本当にガックリしてしまいました。

——塀のなかの主役は刑務官で受刑者を「戒護」することが主な仕事ですが、今後の刑務所はどのように変革されるべきだと思いますか。

**平間**　難しい質問ですね。まだ、わずかな経験しかありませんが〝外に開く刑務所〟になることが必要なのではないかと思います。大半の受刑者は出所してゆきます。しかし、その後も社会生活が待っているわけで、刑務所と社会をつなぐ社会資源の活用が、いままでは、軽視されてきたように思います。これからは、刑務所と社会が一体化して出所者の支援をすることが再犯防止に役立つのだと、痛切に感じています。

平間さんは塀の中の高齢者に対する生活指導というよりも、出所後の生活基盤の支援を社会ネットワークと組んでサポートするというケースワーカー的な仕事を担当していた。手元に置いた資料を見ながら、時には考えながら、また、こちらの意地悪な質問に対しても誠実に答えてくれる、その姿勢にプロとしての自負心が垣間見えた。「刑務官」とは、また違う感性で受刑者のことを観察している、その洞察力は貴重な戦力なのであろう。

**倶會一處**

最後は一日の仕事を終えて、10工場から居室に戻る受刑者の行進と部屋に入るときの取材であった。廊下に整列した二七名は星担当の号令で並ぶのだが、列がきちっと揃わない。人員の確認だけで二七名は寮舎に移動を始めた。手に洗濯袋を提げたものもいて、数人はシルバーカーを押しながら歩き、車椅子の受刑者は刑務官が押していく。全員黄色の半袖ポロにカーキ色

洗濯袋を手に帰寮する受刑者たち

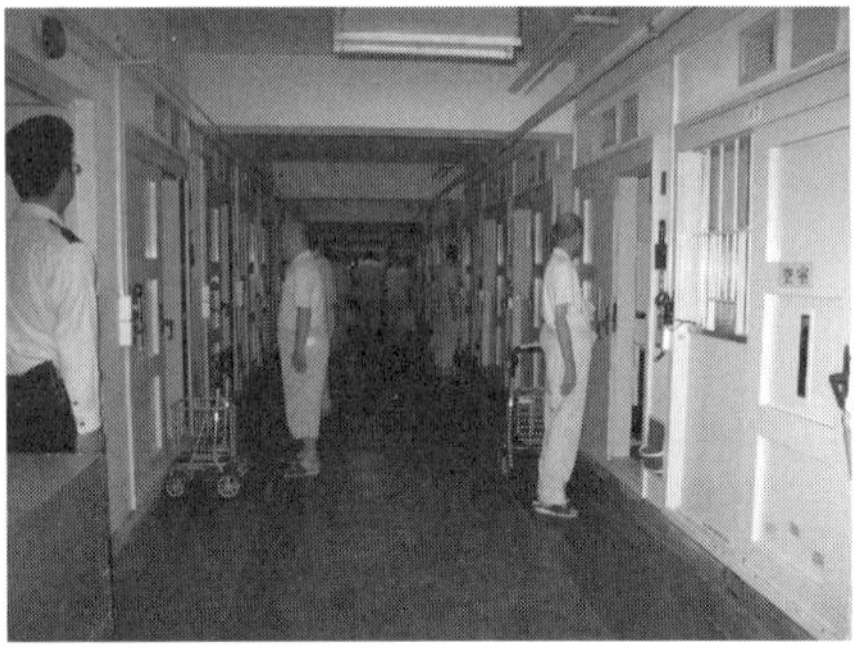

入室する前の点呼を受ける受刑者

のズボンをはいていた。足元はブルーの特製スリッパだ。時間は十五時四十分、仕事開始の時間は七時四十分なので、工場にいた時間は八時間ということになる。

寮舎の中に入ると、居室のドアの前に立ち、刑務官の点呼を受けると入室。スリッパはドアの横に立てるのだが、なかには腰がふらふらして置けないものもいた。受刑者はドアノブに触れない規則になっていた。入室すると思い思いの姿勢で寛ぐ。廊下では夕食の準備で用務者が動き回っている。配食台に乗せられた皿には「カップに入ったヨーグルトとケチャップで和えたマカロニ、福神漬」が盛られていた。主食は麦三割の飯で、汁物も献立にあった。

時間は十六時四十五分。刑務所の食事は三食とも早い。十時から始まった現場取材は十六時五十分で終わった。私の昼食の時間は二十分、受刑者と変わらぬスケジュールが組まれていた。この取材日程は、課長の「受刑者が時間で管理されている」という現場の状況を、体験させるために組んだ、時間割ではなかったのか。帰りの最終バスは庁舎前を十七時二十一分発。ギリギリの時間になったが、無理を言って最後の場所に案内してもらった。ワンボックスカーに乗る。

入所中に亡くなった受刑者を慰霊する「倶會一處」の碑

その場所は刑務所敷地の北東の、こんもりした林のなかにあった。「倶會一處《くえいっしょ》」と揮毫された慰霊碑が建立されている場所なのだ。風が林の木々を通り抜けて行く。私は、碑の前で叩頭した。由来が書いてあった。ここには明治以来、刑務所で亡くなり引き取り手のない三六四体の遺骨が埋葬されていた。「倶會一處」、親鸞の言葉だ。「貴族であれ乞食であれ、善人であれ悪人であれ、死ねば浄土の世界にゆけるのだ」

この親鸞の言葉が刑務所墓地の慰霊碑に刻まれているのは、「罪人であっても死んでしまえば倶會一處なんですよ」ということを娑婆の人間に伝えるために、墓石に刻んだのであろう。刑務所は、ここまでやるんだということに、感慨深いものがあった。

庁舎に戻ると最終バスが、間もなくやってきた。車内は帰宅途中の高校生で座席はほぼ、満席になっていた。腕時計を見ると十七時二十三分。遅れは二分。正確な運行である。今日は一日、ハードな取材行であったが、いい取材ができた。かつて、歌手やタレント、政治家、大物詐欺師などが収容されていた「黒羽刑務所」は、二年六ヶ月後には半世紀の歴史を閉じるが、跡地の利用はまだ白紙状態で、再開発の計画は未定である。

# 第四章　「至道会」取材記

## 更生保護施設とはどんなところか

福島市内には、出所者の自立更生を支援する施設として国直轄の「自立更生促進センター」（以下、自立センターと称す）が置かれている。

私はこの施設を二〇一七年六月に訪ねているので、当時の取材ノートから抜粋して実情を報告しておく。

＊

刑事施設を出た人たちの「就労支援」と「社会復帰の促進」を目指す国直営の施設が全国に

四ヵ所（北海道沼田町、茨城県ひたちなか市、福岡県北九州市、福島市）あるが、そのなかで二〇一〇年四月に開所した自立センターを取材した。定員二〇名収容の施設は開所当時、二人の入寮者がいたそうだが、年々増えて六月現在六名になっていた。今年は一〇名まで入寮者が増える予定だそうだ。

ここで生活する人たちは累犯の出所者が大半で犯罪歴は「窃盗、詐欺」の前歴があるという。それ以外の「幼児犯罪、覚醒剤犯罪、性犯罪」を犯したものと、「暴力団関係者」は地域住民を代表している第三者機関（運営連絡会議）との協定で入寮はできない。また、刑期十年以下で、原則仮出所者を対象にした施設になっていた。

現在の入寮者は六人だが、一人の在室者を除いて他の人たちは毎日、就労先の職場へ施設の職員が運転する車で通勤していた。年齢は三十〜四十代、ここの入寮期間は原則三ヶ月だが、最長六ヶ月間は生活できるようになっていた。

入寮者が暮らす二階の部屋は私物が置かれているので、ドアを開けた状態で外から自由に見学させてもらった。部屋はすべて個室で簡易ベッド、十四型の液晶テレビ、机、ロッカーが設備されていた。一階には食堂、浴室、洗濯室があり、二階のラウンジは喫煙スペースになっている。夕食前（十八時から）に仕事が休みのAさん（四十二歳）がインタビューに応じてくれた。彼は五月に入寮していた。罪名は「窃盗」。

「刑務所は初犯で二年六月の刑期で八ヶ月の仮釈放をもらいました。社会人のときは電子部品を製造する会社に勤めていました。ここ（施設）に来てから就労支援事業所の紹介で就職先が決まり、電子部品の組立工をしています。職場は入寮一週間後に決まりました。時給八五〇円で月収は一二～一三万円。寮費は無料なので収入の大半は貯金しています。目標は四〇万円。ここを出たときの生活費として貯めているんです」

福島保護観察所の敷地内に作られた自立更生促進センターの建物

生活上の規則について尋ねてみた。

「門限があって窮屈ですが、刑務所時代を思えば楽勝です。タバコは吸えますが酒はダメ。帰寮するとアルコールチェッカーで検査されます。一歩、ここを出るときは全員、GPSが付いた携帯をもつことが義務づけられているので、定時連絡は欠かせません。生活は快適とはいえませんが（規則に縛られている）、ここの生活をジャンプ台と考えて、貯金を早く達成することを目標にしています」

全員が帰寮した時間（十九時）をみはからって、池田克彦センター長に五人のグループインタビューを設定してもらったが実現できなかった。入寮者にはそれぞれ個人的な理由があるのだろう。時間は二十時を回ってしまった。センター長に話を聞いてみた。

「取材趣旨の説明が不十分でした。個人個人、同僚にも聞かれたくない事情があるわけです。反省しています。それと、施設の運用ですが定員二〇名のここをなんとか、満室にしたいですね。運営連絡会議との約束で今は実現していませんが、将来的には社会問題になっている覚醒剤事犯者、それも軽度の仮釈放者の入寮を協議させてもらいたいと思っています。それと、入寮者の食事は三食で一二〇〇円。部屋代と光熱費などは無料になっています」

開所当初二名の入寮者で出発した自立センターは、七年間で九三名の退所者を送り出していた。そのうち、ここを出て再犯者になってしまった人は一人、無銭飲食で捕まっていた。グループインタビューを断った入寮者は再犯者二人、初犯者三人だ。刑務所内で受刑者を取材したときは希望者が応じてくれ犯歴や生活歴などを語ってくれたが、出所してからのインタビュー、それも座談会形式のインタビューで自らの「過去」を語ることを躊躇するのもうなずけた。他の入寮者にも話していない個人の情報もあるわけだ。

一方、取材に応じてくれたAさんとは単独でのインタビューである。彼は希望する職種にも就け、出所後の生活設計も立てていた。人生再起の自信が言葉の端々に滲み出ていた。その自信が取材に応じてくれた心境であったのだろう。Aさんはいまも、その会社で頑張っているのだろうか。

## 至道会の実情

そして今回は二〇一七年六月に開所した民間主導で運営されている「更生保護法人至道会」（市内南沢又《みなみさわまた》）を取材することになった。二〇一九年晩秋の肌寒い日であった。前日は被取材者が仕事で職場に出ていたため帰寮後の十八時から取材した（後述）。

「保護会」（運営費の一部は国の委託費で賄っている）とも呼ばれる同様の施設は全国に百三施設あるが、近年は大都市に置かれている施設は定員オーバーの傾向にあり、出所者が希望する保護会には、なかなか入所できないのが実情のようだ。

施設の周辺はのどかな田園地帯。耳をすますと野鳥の鳴き声が聞こえてくる。近くには福島刑務所と隣接して女性受刑者を収容している福島刑務支所が建てられていた。出迎えてくれたのは施設長の高橋英昭氏。立会いは福島保護観察所の統括保護観察官・佐藤竜幸氏、温和で物静かな人物だ。玄関を入ると右手の壁に建物内部の配置図が掲げられていた。

「1F　事務室、調理室、食堂兼娯楽室、会議室、高齢者用個室、トイレ、浴室。2F　入寮者用居室12室、女子専用居室8室」

高橋氏は私と同世代の人物と見受けた。事務室に招じられた。物腰は矍鑠《かくしゃく》として歳を感じさせず、言葉は熱気に溢れていた。歳を聞くと八十歳だそうだ。年季の入った手で茶碗を持つと、ごくんと飲み干し、腕時計を見ながら九時の取材開始前に施設の現況についての説明があった。

「ここの収容定員は男女あわせて二四名です。満期あるいは仮釈放者で保護観察中の人たち。入寮者の基準は近隣地域に迷惑をかけることが予想される者は受け入れていません。現在の入寮者は男性が一八名。仮出所者と起訴猶予になったもので『窃盗と詐欺』がほとんど。なかに再犯者が三人います。女性の入寮者は四名で彼女たちは福島刑務支所を出所した人たちです。ここが開設されたのは平成二十九年六月で、開所以来のべ一四五人（男一一三人・女三二人）を入寮させました。保護観察の期間が満了して出て行った人のなかには残念ですが再犯に走ってしまった人もいますが、他府県での事件でした。

ここでの生活は部屋代、光熱費等は無料で最長六ヶ月の生活を認めています。その間に、わたしどもが協力して寮生には就職先と帰住先（公営住宅やアパートなど）を確保してもらうよう、ここを出てからの生活資金（貯金）を蓄えてもらい人生の再出発を支援するのが「更生保護施設」の重要な仕事なんです。また職場の紹介はこちらでも積極的に行っていますが、NPO法人の福島県就労支援事業者機構（福島県更生保護就労支援事業所）や「協力雇用主事業者」の方々の協力が不可欠なんです。現在男性は一四人が働いています。仕事は土建、飲食、運送、部品加工の会社などで、雇用契約はパート、非正規雇用ですが、全員事故も無く真面目にやっています。残りの四人は現在就活中の人たちで、女性も全員就活中で待機組の人たちです」

「就労支援事業者機構」といえば、二年前に取材した「自立センター」で生活していたAさんも、福島事業所の紹介で「協力雇用主」（機構についても序章で詳述）の会社で電子部品の組立工として働いていた。出所者の就労支援には社会的なネットワークが「再犯防止」の歯止めになっていることが、高橋氏の言葉からも窺えた。だが、退所者の「再犯」事件については言葉を濁しながら溜息を漏らした。その理由が施設の開所の経緯にあるようだ。

更生保護施設至道会の建物

　施設が開所するまで前述の「自立センター」同様に近隣住民の反対運動があった。

「なんで、刑務所を出てきた人たちを受け入れる施設をつくるのか。近隣で犯罪が起こったら怖い。元の市内の施設を改築して使えばいいではないか」などの意見であった。

　元々、財団法人時代の「至道会」は市内森合《もりあい》の地にあったが、老朽化が進み収容定員が少ないため、半世紀の時を経て現在地の南沢又に移転した。住民が入寮者の〝犯罪〟を危惧していることは当然かもしれない。そのために保護観察所や施設側は数年の時間をかけて地域住民の人たちを説得してきたそうだ。こんな理由から、入寮者の「再犯」が他府県で起きたことに施設長は安堵したのではあるまいか。

だが、ここにも「再犯者」の問題が内在しているわけだ。地域住民との協議会は「至道会施設運営評議委員会」なるものがつくられていて、南沢又の十二町会の会長が住民代表になり、半年に一回、地域代表と施設側で「至道会」の現状について質疑応答の機会を設けているそうだ。「更生保護施設」も地域住民にとっては〝必要性は認めるが他の場所につくってもらいたい〟という意見が圧倒的だ。それは住民のエゴとは言い切れない問題であろう。必要性は理解しても〝刑務所を出た人〟が近くに住むことに拒絶反応を示すのは自然の感覚なのではないか。〝ゴミの焼却場建設反対〟の理屈に通じる「更生保護施設」の存在。住民説明会では保護観察所と施設側が地元住民と約束したのは、施設長の説明にあった入寮者の選別は、近隣地域に迷惑をかけることが予想される者は「入寮」させないということなのだ。私はそこでひとつ質問をしてみた。「迷惑をかける者とはどんな犯罪を犯した人なのか」と。しかし高橋氏はその問いに明確な答えを出さなかった。入寮者の選別は犯罪歴によるものなのか？

「更生保護施設」は、いわば〝船が港で風待ちのため一時避難する安全地帯〟ということなのだろう。

ひと通りの説明が終わったあとで、私は高橋氏に経歴を尋ねてみた。

「長い間、経営コンサルタントの仕事をしていまして、企業の健康診断、いわゆる経営の基本となる財務関係のアドバイスに関わる仕事に携わってきました。そんなことで数字には、煩《うるさ》いんですよ。更生保護施設経営のことは二年前に施設長になってから勉強したもので、実務についてはまだまだ、勉強中というところです。ただ、『保護会』もひとつの企業体ですから数字から至道会を経営するという視点での運営を重視しています。赤字経営では困るんで……」(笑)

ついでに委託費について質問してみた。氏は隣に座る佐藤氏に同意を求めている様子なので直接、保護観察官に説明してもらった。

「国は施設に委託費として『支弁基準』に基づいて平均一人、一日当たり六〜七千円(都市部との地域差がある)を支払っています。この金額には施設の運営費も含まれているので、収容人員が少ない施設は経営が苦しいと思います。それで、不足分は寄付金や地域の慈善団体などからの協力金で賄う施設もありますね。単純計算ですが至道会の委託費は十一月八日の時点で、一〇万円を超えるくらいです。主な支出は食料費で一日三食分として約一〇〇〇円になります」

収容人員により金額の変動があるわけだが、至道会の収入は国の委託費が一日で約一〇万円。

当然、経営という視点に立てば満室で施設を運営するのが望ましいわけだが、「入寮者」の選別基準がある以上、〝だれも彼も〟受け入れるということはできないわけだ。そこで、施設の運営に「数字に明るい」高橋氏を施設長として迎えたのではないか。「企業経営」のセンスが求められるのも当然であろう。決して、ここは「慈善団体」ではないのだから……。

## 二人の入寮者インタビュー

「統括の説明も終わったので、これからご希望の高齢入寮者との面談になりますが、七十六歳と六十五歳の二人の該当者がいます。事前に意思を確認してインタビューに応じてもいいと了解を取っている人は六十五歳の人です。何を質問されても構わないですよ。ここは、刑務所ではないので……（笑）。それと本人は記憶障害のある人なので、会話が噛み合わないこともあるかと思いますが、その点を理解されて質問をされたら宜しいと思います」

藤田好夫（仮名）さんは六十五歳。インタビューは一階の小会議室で行うことにした。グレーのトレーナー上下を着ていて血色はよかった。私は質問事項を説明した。藤田さんは正面を向いてうなずきながら説明を聞いていたが、時折、視線が宙を這う。

「わたしは集団生活が苦手なので、ともかく早くここを出て地元の郡山市に帰りたいんです（この言葉は取材中、何度も口にした）。ここに来たのは十月（二〇一九年）で、喜連川の『社会復帰促進センター』を出所しました。罪は『万引き』でした」

　年数を指折り数えながら、時には沈思黙考しながら、何かを考えていた。言葉をまとめると、およそ、次のような内容になる。

インタビューに応じてくれた藤田好夫さん（65歳・仮名）

　二年前、生活に窮して（所持金はほとんどなかった）スーパーでカフェオレ（一五〇円）一個を万引き。その罪で一年六月の実刑判決（執行猶予中）を受けて、前出の刑務所で二年余り服役したが、仮釈放になったものの帰住先のあてがないため、「至道会」に入寮していた。親族は身元引き受けを断ったそうだ。

　ここの生活について語る。

「毎日の生活は、決められた部屋などの掃除以外は本を読んだり、テレビを観たり、寝るだけの生活です。でも、わたしはもうすぐ仮釈の期間（五十日）が終わるので、その翌日には郡山市から迎え（就職先の知人）が来る予定なんです（知人との関係ははっきりしない）。

ここの生活は、ほんと、退屈です。働いていないので、やることがありません。所持金はありませんが、迎えがくるまでの我慢です」

至道会入所者のほとんどの人はここで生活しながら就労し、自立資金を貯めて居住先や新たな仕事先を見つけて退所していくが、平均四ヶ月の入寮生活だ。しかし、藤田さんの場合は、ちょっと、状況が違っていた。仕事については次のように語っている。

「社会では長年、タクシーの運転手や運転代行の仕事をしていました。その関係で郡山には知人の会社社長もいて、仕事を紹介してくれるので、その社長の会社で働く段取りができています」（後述するが、この話も思い違いのようだ）

藤田さんは施設で自立資金を貯める気はまったくなかった。理由は「年金受給」にあるようだ。

「二ヶ月で一七万五〇〇〇円の支給額があるので、その年金を今後の生活資金に充てるつもりでいます。それでも年金だけでは心もとないので、運転手の仕事をしながら少しでも老後の金を貯めたいと思案しています。でも、運転手の仕事は年齢からして、そう長くは続きそうもないので、いずれはビルの管理人の仕事も考えています」

話を聞いているかぎり、彼は正常な感覚と社会常識をもった人物に思えるのだが、会話がしばしば噛み合わず、現実と想像の世界を行ったり来たりして理解に苦しむことが多かった。「記憶障害」を発症しているようにも見えた。藤田さんの計画について後刻、施設長に話を聞いてみると、実情はだいぶ違っていた。

「我々、施設側としては今の段階で彼が退所することが正しいとは思っていません。年金受給の手続きは当方の職員が関係機関に出向いて記録を開示してもらい、いろいろと調査して分かったことなんですが、本人はまったく現実を理解していないので困っているんです。それに支給額も確定していない。しかも迎えに来るという方が確実に身元保証をすることも未定なんです。そんな事情があるので、ここにいる間に自立のための生活の方法を考えましょうと、説得しているんです。一旦は納得するのですが、時間が経つとすぐに考えを変えて『郡山市』に帰ると言い出すので、我々としてはあくまで本人の意思を尊重するという基本方針があるので、彼が選択した以上、ここを出ることは止めることはできないんです」

現実問題として藤田さんは無一文なのだ。施設を退所後、仕事や居住先が見つからなかった場合、万引きなど再犯の可能性も当然予測できる。しかし、仮釈放期間が切れて自由の身になったものにはそれ以上、施設は個人の問題に関与することができないのだ。

高橋氏は、藤田さんの希望がそう簡単に実現しないことを体験的知識として知っているため、最善の方法を模索しながら本人にアドバイスをしているが、そのアドバイスを受け入れないことに苛立っていた。しかし、本人の気持ちは固く退所日を変える意思はないようだ。

藤田さんとのインタビューは一時間で終わった。話は退所後のことについては闊達に語ってくれた（思い過ごしも記憶違いもあった）が、質問の途中、彼は何度も話を中断して塞ぎこんでしまった。理由を尋ねると「刑務所のことは思い出したくない」と答えている。私は、「何故なのですか」と質問を続けようとしたが、思い止まった。それは、彼の〝傷口〟に塩を塗る質問になってしまうのではないかと、感じたからだ。

六十五歳の彼の前歴は「万引き」が二回で、最初は執行猶予がついた。だが、二回目は金額の多寡ではなく、執行猶予中の犯行ということから実刑判決になってしまった。そして、猶予期間の残りも加刑されて、今年十月に「至道会」に入寮していた。退所日は十二月末。果たして、知人が迎えに来るのだろうか。施設長の予感が当たらなければいいのだが……。


前日の十八時には若い人にもインタビューをしている。当日は帰寮時間を早めてもらっての取材であった。松本猛（仮名）さん三十歳、青森県出身。ここではトラックの運転手として市内の運送会社で働いていた。はきはきした口調で語り始めた。グレーのトレーナーにスパッツを履き、眼鏡をかけた表情は日焼けして精悍な感じがする。ドライバーという仕事柄からなのだろう。

個室の広さは一〇平米程度か、ライティングデスクの上には十四型の液晶テレビが置かれ、壁際にベッドが備えられている。デスクの上のビニールで包まれた犬の縫いぐるみが目に止まった。椅子に腰掛けた姿勢で、私と松本さんは対座してインタビューが始まった。すりガラスの嵌った窓からは外が見えなかった。同席者は保護観察官の佐藤氏。

「今回はここ（至道会）の前にある福島刑務所（累犯受刑者を主に収容するB指標の刑務所）を、九十日の仮釈をもらって十月に出所しました。歩いて、ほんの数分の距離に施設があるので驚きましたが、気分としては別荘暮らし、といった感じです（笑）。事件は詐欺で二年の判決でした。刑務所に入るのは今回で三回目。初犯は一年半の刑期で〝八王子医療刑務所〟で雑役をしていました。事件は〝窃盗〟で二十歳の時でした。二回目は〝強盗〟で青森刑務所に入りました。刑期は六年でした。仮釈は確か半年もらったと思います。

わたしも今年、三十になるので、これからは真っ当な人生を送らないと、社会から弾き出されて落伍者になってしまいそうなので、心機一転の気持ちでまず、ここで働き口を探してもらったんです。職場は意外と早く見つかって入寮してからドライバーの仕事を紹介してもらい、十日ほどで決まりました。三十という歳が採用の条件に合ったんでしょう。

職場の就業時間は八時から十八時までなので、起きるのは五時半。職場が遠方なので朝食を六時に食べてから直ぐにここを出ます。朝昼の食事は仕出しの弁当ですが、夕食は外から業者の人が来て厨房で食事を作ってくれています。あり難いですよ。温かい食事が食べられるのは……。

通勤は会社から借りている車です。朝は刑務所にいた時よりも早く、時間に追われる感じです。刑務所はチャイムで起こしてくれるので慣れると楽でしたが、ここは自分で生活時間を決めるので〝自己管理〟が、きちっとできるかどうかが、いちばん辛いところなんです。過去の自分は時間には結構ルーズな人間でしたから、ここの生活で社会人としてのマナーも身に付けたいと考えています。これって、優等生の言葉ですかね（笑）。

今日も出勤日で、いま、帰ったばかりなんです。身分は試用期間中で、トライアル雇用（雇用主に対して最長三ヶ月間、月額四万円がハローワークから支給される制度）なんです。免許証が失効していなかったので出てから更新手続きをして再交付してもらい本当に助かりました。それと免許証は身分証明にもなるので助かります。他の人も働いていますが〝土建関係〟の仕事が多くて、ドライバーで働いているのは多分、わたしを含めて数人だと思います。月収も手取りで一七～一八万になりそうなので貯金して、早くここを退寮してアパート生活を始めたいと、いろいろと計画を立てています。

わたしは希望職種をドライバーに決めていたので『協力事業主』の会社に紹介されて就職できたんですが、ここで紹介される仕事は、ほとんどが土建関係の現場仕事なんです。免許証が役に立ちました。とは言ってもドライバーも現場仕事も身体で稼ぐ仕事には変わりませんね」

　松本さんは「八王子医療刑務所」で雑役としてツトメていた時代もあった。私は、現在の「東日本成人矯正医療センター」の話をしてみた。彼は懐かしさがこみ上げてきたのだろう。しばし、八王子時代の思い出話に花が咲いた。そして、免許が失効していないことを本心から喜んでいた。それと〝土建関係〟の仕事は〝キツイ〟ことを再三、口にした。〝免許証〟一枚が就職するのにも〝武器〟になることを人生で初めて体験したと、口を酸っぱくして語っていた。運転免許証の所持と三十歳という年齢が求職活動に役立ったことを体験学習したわけだ。退寮日は仮釈放が切れる二〇二〇年一月を希望しており、生活費は稼いだ賃金が四〇万ほどになると計算していた。

インタビューに答える松本猛さん（30歳・仮名）

　彼は酒を飲まない。ここは鉄格子もなければ塀もない社会に開かれた施設。とはいえ、生活上のルールや規則は定められている。同僚とのトラブルなどはあるのだろうか。

「生活上の規則はあります。入寮前に誓約書も書かされて至道会の決めた規則を破ると〝外出禁止〟。ルール違反を繰り返すと最悪の場合は強制退寮という処分になるんです。門限が二十一時になっているのは、まあ、当然な規則だとは思いますが、仕事が終われば十八時には帰寮すべし、という時間制限はどうかと思いますよ。世間では、その時間はまだ、宵の口ですからね。子どもではないんですから（笑）。

ここは、タバコは吸えますが飲酒は禁止されています。わたしは酒を飲まないので〝飲んでいる人〟は直ぐに分かります。ストレスで発散する気持ちは分かるんですが、他人に絡んだり大声を上げて迷惑をかける人は困ったもんです。過去に何人かの人が退寮処分になったみたいです。

人付き合いもあるので相手とは適当な距離感で付き合っていますが、個人的なことを話すことはありません。相手によっては〝松本〟は付き合いの悪い奴だと感じている人もいると思いますが、わたしにはこれからの目標もあり、生活設計もあるので同僚から疎んじられたとしても、ここにいる間は自分の信念は貫いてゆきます。ここは、再出発の一時的な生活空間なんです。本番は社会です。この考え方、自己中ですかね」

次に尋ねたのはここを入寮希望した理由と生活実感についてである。

「過去二回も刑務所に入っているので親から勘当された身なんで、引受人がいなかったんです。それで在監中（福島刑務所）に身元引き受けについて相談したところ、ここを紹介してくれたので仮釈も決定したというわけです。事前に福島県の〝施設〟を希望していたので、ここに空きがあったので決まったんです。

生活実感？　入寮して二ヶ月（近く）経っていますが、ここで生活している分には食費も部屋代も無料なので、小遣いもほとんどかかりません。出費といえば日用品を買うのと、休みには、たまには自転車で外出してブックオフかアウトレットの店に行ってCDや古本を買ったり、古着を買う程度の生活ですか。

生活の実感が分かってくるのは、ここを出てから一人でアパート暮らしを始めてからでしょうね。自炊する予定なんで、生活のすべてを自分でやってゆくわけですよ。運送会社の方も今のところは仕事を続けていますが、トライアル期間が過ぎてからも働けるかどうか、まだ、ハッキリしていないので少々、不安なところがあります」

――住民登録はどこにしているのですか。ここの住所にしていると求職の際、あるいはアパートを借りるにしても、「更生保護施設」のことがわかってしまうこともあるでしょ。そのときは、どうしますか。心配になることはありませんか。

「今の会社で続けて働ければ『住民登録』のことは心配ありませんが、問題はこれから転職ということもあるので、その時にアパートの住所で求職活動をするわけです。〝前科〟のことが、バレなければと、そのことがいちばん心配事なんです。希望では知人もいる青森に帰って地元で働きたいです。『更生保護施設』のありがたみは実感していますが、ここは、あくまで仮の宿なんです。本番は、ここを出てからの自立生活にかかっていますが、現実の世間は、そんなに甘いもんではないと覚悟はしています。とにかく、ここで頑張れるだけ頑張ってみます」

## 東京の保護施設で生活する無銭飲食常習犯の告白

私は至道会の取材ののち、面識のある人物に連絡をとった。彼から聞かされていた「保護会」での生活について、あらためて話を聞かせてもらうことが目的であった。

現在、東京荒川区内にある更生保護施設で生活する吉井正一（仮名）さんは黒羽刑務所（第三章で詳述）を仮出所していた。本人と会ったのは京成押上《おしあげ》駅。近くの喫茶店に誘って話を聞くことにした。

「突然、連絡が来たので驚きましたよ」。吉井さんは頭を掻きながら、人懐っこい顔をこちらに向けた。午後二時の時間帯で店のテーブルは半分ほど埋まっていた。

「今は、浅草の食堂で時給九八五円のアルバイトで働いています。黒羽では機械部品を作る工場で働いていました。出所したのは九月で六ヶ月の仮釈をもらい所持金は六万円ちょっとでした。今は保護会に世話になっていますが、仕事探しは保護会に入った翌日からはじめました」

最初に出た言葉だ。そして、話が続いた。

「最初はハローワークに行ったんですが求職者が多くて探しきれず、それで、自分の足で探すことにしたんです。場所は千住、赤羽、浅草方面に決めて求人広告を頼りに探しました。面接したのは三社で決まったのは今の食堂ですが、面接のときに持参した履歴書に書いた住所が保護会ですから、相手は保護会のことを知っているのかどうか、そのことが心配でした。採用通知が来たのは三日後で、ほっとしました。世の中、好況なんていわれていますが、底辺の職場は食堂の配膳係すら希望者が多く、外国人労働者が集まる職場なんです」

吉井さんは、私がメモを取る前から話しはじめた。性格は受動的で多弁ではないが話し好きのようだ。

「恥ずかしい話ですが懲役になったのは無銭飲食なんです。罪名は〝詐欺罪〟、刑務所は初めてですが、前にも無銭飲食で捕まり、そのときは四年の執行猶予が付きました」

六十五歳になる吉井さんは二回無銭飲食で捕まっていた。それは、どんな状況で起こした事件であったのか。

「八年前は製造業の派遣で仕事をしていましたが、突然の〝雇い止め〟でクビでした。その時代製造業は不況業種で首切りなんて、簡単にやっていましたよ。当時は神奈川県の戸塚に住んでいましたが、会社は横浜の根岸にあって歩いて通っていました。歩くのは得意でしたから……」

歩くのは得意というが、戸塚から根岸まで二〇キロの距離はあるだろう。その距離を往復徒歩通勤とは、よく続いたものだ。

「交通費が支給されないので節約したんです。クビになったときは貯金もなくて、会社の帰りに腹が減って減って、我慢しきれずに、大衆食堂に飛び込んだんです。そこで使った金額は五千円くらいでした。一回目の代金はあとで支払いましたが、その後も二回やってしまい、そのときは食い逃げしたんです」

「無銭飲食が詐欺罪になるなんて、警察で捕まって初めて知りました。裁判では懲役二年、執行猶予四年の判決でした。保護司が付いたんですが、その人は冷たい人で、わたしのために何もやってくれず、ある時、面接で履歴書が必要なので買う金と交通費を貸してくれるようにと、頼んだんですが〝駄目だ〟と断られ挙句〝更生の気持ちがないな〟なんて、人を小馬鹿にした物言いをしました。その目は人を犯罪者として蔑む目でした」

吉井さんは保護司のことがよほど頭にきていたのだろう。二回目の無銭飲食のときには、その保護司の対応を不満として上告までしていた。

「平成二十七年（二〇一五年）九月に判決が出て、初犯で懲役二年、執行猶予四年が取り消されて四年の刑を『黒羽』で勤めることになったんです。弁護士、国選でしたが〝保護司の対応が被告を犯罪に追いやった〟と控訴してくれました。わたしの気持ちは、その保護司の名前が法廷で明かされることが希望だったんです。結果は控訴棄却でしたが上告までして刑は確定しました。保護司の名前がちゃんと裁判記録に残りましたから、満足して服役しました。実刑を言い渡された無銭飲食の回数は七回くらいで、金額は全部で一〇万円ちょっとでした」

保護司と出所者の関係は、社会復帰した元受刑者にとっては、鬱陶しい存在であると同時に、元受刑者の更生には重要な役割を担っている。〝無償の奉仕者〟であるが、保護司といえども人間である。出所者に対する態度も人それぞれだ。たまたま、彼の担当保護司は〝冷たい人〟であったのだろう。

黒羽刑務所を出所してから二週間たらずで仕事の口が見つかった吉井さん。心境は、どうであったのか。

「前科者という負い目があります。それと、保護会で生活していることが分かれば、就職も断られるだろうと、いちばん心配したのは自分の境遇でした」

このように胸のうちを明かす。そして、こんな話もしてくれた。

「今の食堂にはわたしの前科は、一切話していません。陰日向なく働いていれば社員になれるかもと、その日が来るのを期待して頑張っているんです。一日八時間働いて約八千円の金額ですが二十五日は働けるので手取りで一八万くらい。ほとんど貯金して保護会の生活は四ヶ月を目標にしていて、その間に六十万円貯めてアパート生活を始めようと計画しています」

出所者が働きたくとも職場がなかなか確保できないご時世。吉井さんは「石にかじりついてもやっていきます」と、私の目を直視しながら言い切った。その言葉には、職を失うことが「再犯者」の道に繋がってしまうことを、誰よりも知る吉井さんだからこその、本音であると私は理解した。吉井さんとは四年前に新宿の中央公園で取材で会っていた。その時も保護会で暮らしていたが執行猶予中であった。今回は四年ぶりの再会になったわけだが、当時よりも表情は明るく垢抜けしたものを身に着けていた。「ユニクロファッションですよ」と、破顔一笑した。歳よりもだいぶ若く見えた。

## 働くということ

至道会で取材した松本猛さんも、住民登録は「更生保護施設」にしていた。吉井さんは「住所」が施設にあることが雇用主に分かってしまうことで、不採用になることを危惧していた。彼は自力で就職先を探しているが、松本さんは「協力事業主」の会社で働いているので、雇用主は「過去歴」を承知で採用している。離職して就活するよりも、今の会社で継続して働くことができれば「住民登録」のことを心配することもないと、正直な気持ちを明かしてくれた。

二人は六十代と三十代の「更生保護施設」で暮らす出所者で、仕事は身体を酷使する「肉体労働」だ。年収もさほど変わらない。しかし、「住民登録」が更生保護施設にあることの心配は、二人に共通した意識であった。ここで、「働く」ということについて考えてみたい。

吉井さんはアルバイトで働いており、月収はおよそ一八万。単純計算で年収は二一六万円になるが、いまの日本は階級的格差社会が出現して吉井さんよりも遥かに収入の少ない「アンダークラス」（最貧困層）が存在していると、著書（『新・日本の階級社会』講談社現代新書）で指摘するのは社会学者の橋本健二氏。そもそも、「アンダークラス」という概念は都市生活者の最下層を構成する「貧困層」を指している言葉だが、同氏は日本の所得階層を資本家階級（経営者、役員）、新中間階級（被雇用の管理職、専門職、上級事務職）、労働者階級、旧中間階級（自営業者、家族従業者）に分類し、さらにその下に非正規雇用労働者やフリーターを位置づけて「アンダークラス」と定義している。

しからば「アンダークラス」とは、どのような生活環境にあるものなのか。

橋本氏は二〇一二年の『就業構造基本調査』（総務省統計局編）から分析して、推定値を次のように論じている。長いが引用しておく。

〈専門職・管理職と有配偶女性（いわゆるパート主婦）を除く非正規労働者は九二八・七万人で、

就業人口の一四・九％に上っている。その大部分は、学校を出てから引退するまでのすべて、もしくは大部分の期間を非正規労働者として過ごし、その後は貧困な老後を送るであろう人々である。（略）その平均年収はわずか一八六万円で、貧困率は三八・七％に達している。その多くは、経済的理由から結婚することも子どもを産み育てることもできない状態にあり、二〇―五九歳の未婚率は、男性で六六・四％、女性で五六・一％に上っている。（略）女性の残り四三・九％は、離死別者である〉

平均年収一八六万円の「アンダークラス」は生涯、結婚もできず、非正規労働者として働き続け、退職の時期に至ると会社から解雇されて、その後の人生は「最貧困層」になってしまう。身分が非正規雇用であれば退職金も微々たる金額ではないか。あるいは「無支給」ということもあるだろう。だが、「アンダークラス」に属する階層のなかには「刑務所出所」も入るわけだが、氏はこれらの人たちの数的な分析はネグレクトしていた。それは、調査の困難さが理由なのか（統計資料はたくさんあるのだが）、それとも、数値的には微々たる数なので完全無視しての記述であったのか。この文脈からは「アンダークラス」の全体像が読み取れずじまいであったが、別の資料（SSM調査・社会階層と社会移動調査会編）によれば、「アンダークラス」に属する職業分類を次のように記している。

「サービス職（料理人、給仕係、接客業、ホームヘルパー、介護員、守衛、警備員）と、マニュア

## 所得（就業調整なし）別非正規の職員・従業員数

| 所得（主な仕事からの年間収入・収益） | 総数<br>14,762,300 | 割合（%） |
|---|---|---|
| 50万円未満 | 1,725,700 | 11.69 |
| 50～99万円 | 3,103,400 | 21.02 |
| 100～149万円 | 3,016,200 | 20.43 |
| 150～199万円 | 2,346,800 | 15.90 |
| 200～249万円 | 2,121,500 | 14.37 |
| 250～299万円 | 931,700 | 6.31 |
| 300～399万円 | 887,000 | 6.01 |
| 400～499万円 | 294,700 | 2.00 |
| 500万円以上 | 261,000 | 1.77 |

出典：『就業構造基本調査』（2017年版）総務省統計局

ル職（工場工員、建設作業員、運転手、運搬員）」

　などの職種である。氏の分類に従えば、出所者の多くが「アンダークラス」に属し、貧困階層にあることが推察できる。

それと、年収の問題だが、インタビューした吉井さんは二〇一九年九月に就職して時給九八五円の契約であった。手取り一八万円（年収二一六万円）は橋本氏の使った統計数字の七年後の数字なので、最低時給も二〇一二年の東京都の数字に合わせて見ると八五〇円。同一条件であれば一日六八〇〇円×二十五日＝一七万円×十二月＝二〇四万円の年収ということになるが、それでも橋本氏の指摘する「一八六万円」よりも多くなる。ちなみに同資料の二〇一七年度調査の調査対象者（一四、七六二千人）の数字によれば、自己都合（介護等）による労働の短縮時間をもたない非正規労働者の年収は、五〇万円未満＝一一・六九％、五〇〜九九万＝二一・〇二％、一〇〇〜一四九万＝二〇・四三％、一五〇〜一九九万＝一五・九〇％、二〇〇〜二四九万＝一四・三七％という数字が示されている。

ここでは性別、年齢、職種など細かい数値は取り上げていない。だが、年収が二〇〇万円未満の最下層労働者の比率が全体の六九・〇四％を占めている。しかし生活実態はさらに悪化していると見るべきであろう。吉井さんも、アンダークラス予備軍といえるのではないか。ここで「最貧困層」の年収と「生活保護費」の基準とを比較してみた。

前述の「更生保護施設」で生活する二人は生活保護費を受給していないが、出所者で生活保護を受けている人は、かなりの数字になるはずだ（実数は未調査だが）。とくに高齢の受給者が多い。厚生労働省社会・援護局のデータによれば、二〇一五年の数字は二十〜四十九歳の受給者は四〇万八五六五人（一九・二％）であるが、六十五歳以上の高齢受給者の伸びが著しく、総数で九六万七五五二人。全体の四五・五％を占めている。数字を追って見てみると一七年は受給者の総数が二一四万一千人になり、二年前（二一二万一千人）と比較すると二万人の被保護者が増加していた。しかし、受給者の年代は六十五歳以上の世代が増えていることには変わりはない。

　年収二〇〇万円未満の最下層のアンダークラスと、横浜市の生活保護受給者を比較してみると、二〇一九年十月の支給額は六十五歳の単身者で「生活扶助費七万八二三〇円、住宅扶助費五万二〇〇〇円」合計一三万二三〇〇円（医療費は保険給付で無料）。年間で一五六万二七六〇円で、アンダークラスの収入は汗水流して働いても、年間で生活保護費の受給者よりも少ない額になる場合もある。考えようによっては「人間関係に疲弊しながら、ハードな労働現場で働く」よりも、生活保護費を受給して暮らす方が気楽という生活スタイルも現実的ではないか。

# 第五章　出所者の社会復帰に向けて

## 受刑者専門の求人誌を発行する人物

手元に本文五九ページのＡ４判の雑誌「Chance!!《チャンス》」がある。コードが印刷されていないので市販はされていないのだろう。「Vol. 8」。今冬号（二〇一九年）で創刊一年余。漢字にはすべてルビが付されていて、手づくり感のある雑誌だ。キャッチフレーズは「『絶対にやり直す』という覚悟のある人と、それを応援する企業のための求人誌」と銘打っている。

私が初めて手にした雑誌だ。内容で特異な編集は「家族関係、犯罪歴、刑事施設への入院、入所」を記入する「専用履歴書」が添付されていることだ。「入院」は少年院、入所は「刑務所」のことで、個人情報を書き入れるようになっていた。この雑誌は、刑事施設で生活する院生や受刑者を対象にして「求人募集」をする季刊誌であった。

発行元は「株式会社ヒューマン・コメディ」で代表が三宅晶子氏。株式会社が刑事施設に入っている人たちを対象にした「求人活動」を、「Chance!!」を通じて行っているユニークな雑誌に、私は興味をもった。彼女が発信しているメッセージが同社のホームページに載っている。

〈自立支援施設や受刑者支援団体などを訪れました。その過程で、罪を犯してしまった人たちの多くが出所してもお金も身寄りもなく、お金が尽きると自ら些細な事件を起こして刑務所などに戻っていくケースが多いという事実を知り、愕然としました。

そんな中、少年院から一通の手紙が届きました。送り主は、ある施設で親しくなった十七歳の女の子でした。彼女は両親がいるにもかかわらず、十五年以上も施設で過ごしてきた子で、腕にはリストカットのあとがありました。わたくしは彼女からの手紙を見て、彼女の身元引受人になり一緒に生活することを決めます。（略）２０１５年７月、彼女の誕生日に会社を登記しました〉

三宅氏は十七歳の少年院在院中の少女と往復書簡をはじめて、彼女の生育歴を知って唖然としたそうだ。そして、「出院者や出所者」の雇用確保の機会をつなぐ会社を立ち上げて、活動の一環として雑誌媒体を発行することを考えたという。彼女をインタビューしたのは晩秋の雨脚が本降りになってきた十一月の某日、品川駅近くの喫茶店。四十八歳の彼女は知的な風貌に髪は地毛のプラチナブロンド。物静かな口調で語り始めた。

「奄美の自立支援ホーム、ここは非行や不登校、自殺未遂、親の虐待などで社会での行き場を失ってしまった子どもたちを引き取って、共同生活を通じて自立の手助けを支援するNPO法人が運営する施設なんです。わたしは、ここで四年前にボランティアとして働いたことがあり、今の会社を立ち上げるきっかけになったんです。

受刑者支援の団体では刑務所を出た人と話しました。出所後の人生を聞かされて驚いてしまったんです。所持金が数万円で社会に出ても生活の場が確保できない。仕事もない。住む家もない。挙句は簡易宿泊所、ネットカフェ、漫画喫茶などを泊まり歩いて所持金がゼロになってしまう。次に選択する道は〝生きるため〟に刑務所を志願するしかないという、〝負の連鎖〟を断ち切れない出所者の現実を聞かされて、正直、頭が混乱してしまいました。

福祉制度もある程度は充実してきた今の世の中に、社会的な支援に無縁な人たちが存在しているという現実。驚いてしまいました。それでホームページにも書きましたが、当時少年院に在院していた少女、この子は両親から育児放棄をされて十五年も施設生活を送ってきた子ですが、この子と縁ができて手紙のやり取りが始まり、身元引受人になって、人生のやり直しには何が必要なのかを模索しているうちに、〝過去を隠さずに過去が価値に変わるように生きる〟ことが大事ではないのかということに、わたし自身気づいたんです。それと、住む場所の確保と働く職場を探すことが、再犯につながりにくいのではないかと、思い至ったんです」

彼女の言葉には気負いもなく、淡々と語る一言一言が、かえって現実味を帯びた口調となっていた。

次の質問に移った。それは、民間人が刑務所に求人雑誌を送っても、相手はそう簡単に受け入れてくれるとは思えない。どんな方法で突破口を開いたのか。実情を聞きたかったのだ。

## 「Chance!!」発行の理由とは

「いまでは全国の刑事施設に『Chance!!』を発送しており、各施設も受け入れてくれています。刑務所は『教育分類担当』が窓口になってくれていますが、発行当初はほとんど反応がありませんでした。それも、当然だったと思います。〟どこの馬の骨〟とも分からない民間人から、受刑者相手の求人情報誌が送られてきても、警戒するだけだったでしょう。

反応が出たのは二号目からです。でも、この雑誌は求人誌とはいえ、私どもは広告を出してくれている『協力雇用主』さんに出所者を紹介、斡旋することはしていません。要するに『求職者と求人企業』の橋渡しをするのが雑誌の目的で、当事者同士の面接や雇用条件などの話し合いには、ノータッチなんです。添付してある『専用履歴書』を相手さんに送って、採用人事の資料にしてもらっています」

求人誌と謳っていても、この雑誌は刑事施設に入っている人と出所者のみを対象にした「特殊な求人誌」だ（同様の求人誌を元受刑者が発行している会社が広島県福山市でも活動している）。それと、厚生労働省の職業紹介の認可を得ていない事業所であるため、求職者を直接、企業に紹介したり斡旋はできない制約がある。その点について、三宅さんはどのような考えをもっているのか、それと、掲載の求人広告（Vol. 8）は二五社あるが、業種は、建築、土木、解体、電気工事、運送業などで、大半の企業が年齢制限を「六十五歳以下」としている。「高齢出所者」に対する支援活動は会社として、どのように考えているのか。その点も質問してみた。

「そうですね。確かに求人企業は肉体労働の現場が多いし、危険な作業が伴う仕事ですね。それで求人世代が若い人になるのもやむを得ないと思うんです。昔からその分野の求人は職歴、経験、学歴、過去歴を問われないで働ける職場なので、出所者も応募しやすい業種なんですね。わたしの考えは就職したからといって、生涯そこで働くことよりも仕事を通じて〝生きがい〟を見つけ出して、次のステップに繫げることを学んでもらいたいと思っているんです。もちろん、就職した会社が気に入ってバリバリ働きたいと決めたなら、継続して働いてもらいたいと思うし、わたしも応援します。

とにかく現場仕事は給料がよくても仕事はキツイです。過去に七十歳以上の応募者が三人いました。高齢者の求人募集については今後、検討していきたいと思っていますが、現在まで企業さんが内定を出した方は一人だけです。この人は『無期懲役囚』で七十歳になりますが、出所予定が分からないんです。お歳からして果たして出所するまで存命しているのかすらわかりません。それでも、本人は出所したら働きたいと意志は固いし、企業さんの意志も変わりません。

高齢者の雇用は福祉の力を活用して職場を確保するのがいちばん、現実的だと思うんです。例えば都道府県に置かれている『地域生活定着支援センター』などの利用もありますね」

## 個人情報の管理

三宅さんは感情の起伏もなく、こちらの質問に気軽に答えてくれる。会社の宣伝など一切、口にしない。次に質問したのは気になっていた「個人情報」の扱いである。雑誌には個人情報を詳細に書き込む「専用履歴書」が添付されていて「個人情報」の扱いについては、次のような文言が書かれていた。

〈ご記入頂いた内容は全て機密扱いとし、当社と当社の協力会社以外が閲覧することはありません〉

この情報は書き込む人の「非行歴・犯行歴」が丸裸にされており、扱いを誤るとトラブルの原因になりかねない重要情報だ。

「ご指摘のように『専用履歴書』の記入欄には応募者の方の刑務所歴や犯罪歴も書いてもらうことになっているので、『個人情報』が丸裸になってしまいます。それだけに、取り扱いは慎重にならざるをえません。

行きたい会社があっても、非行歴・犯行歴に引っかかり、希望する会社に応募できないという訴えは何人かからあります。『あなたがしたことではなく、あなたがしたことにどう向き合っているかを企業さんは見ているんですよ』と言っています。

働く意欲のある人でも希望職種に就けないことも、結構あるんです。今まで応募者の方が三〇〇人いましたが、内定者は七一人、就労を開始した人が三六人、うち離職者は一五人います。現在二一人が現場で頑張って働いています」

年四回発行の「Chance!!」は今号で八号になった。「応募履歴書」から見えてくる人たちの〝顔〟について聞いてみた。

「求職者の年齢は六十五歳以上の高齢者もいますが、三十～五十代の人が多く、初犯の人よりも累犯者の人が多く応募して来ています。単身者で家族や親族とは疎遠になっている人たちで、〝人生の崖っぷち〟に立たされていることを自覚している人が大半ですね。刑務所と社会を何度も往復してしまうにはひとつの理由があります。それは、出所しても〝働き口と住居〟を確保することができずに、『再犯』に走ってしまうからです。その繰り返しで年齢を重ねてしまった人たちが多いですね。

犯罪は〝窃盗〟が多く、〝詐欺、薬物事犯、暴力行為、傷害〟の人もいて、なかには殺人や強盗の犯歴がある人もいます。それでも人生最後のチャンスを摑んで更生したいと、応募してくる人たちですが、『履歴書』の書き方がきれいにまとまり過ぎていると感じることがあります。文字も楷書でしっかりと書いている。そこを、読み取るのが難しいのですが、薄っぺらさが伝わる場合もあります」

## 官民協力の体制を

Vol. 8では「矯正行政」のトップである矯正局長のインタビュー記事が載っていた。

「今号では局長の名執《なとり》雅子《まさこ》氏に取材をさせていただきました。何度かお会いしていますが、わたしどもの事業を理解してくれる強い味方の一人なんです。最初は典型的な官僚タイプの人なのかと想像していました。それが、気さくでよく笑う朗らかな局長さんだったので、親しみを覚えてしまいました。

お伺いしたときに会社の事業内容を説明させていただきましたが、局長さんは、じっと耳を傾けてくれ、話を聞いてくださいました。それ以来、わたしは矯正局の担当者の方からいろいろと教えてもらう機会が多くなってきたんです。

そんな縁があって局の方との交流はいまでも続いていますが、現場の対応は民間の支援については、まだまだ理解されていないと感じています」

それでも彼女は「Chance!!」を通じて出所者採用に力を入れる企業を探す「採用支援」を今後も続けていきたいと、強い口調で断言した。その気持ちは八号まで出してきた求人誌の実績が、彼女の支えになっているからなのであろう。また、出所者の支援活動について、こんな考えをもっていた。

「出所者に対する社会ネットワークは整備されてきていますが、それぞれの組織は横のつながりがあまりないんですね。NPO法人もあれば半官半民の組織もある。あるいは、国直轄の組織もありますが、情報の共有があまりないんですね。それぞれの団体の目的は『再犯防止』のための活動なんです。わたしは、その垣根を取っ払って『横断的な情報共有』ネットを構築して『再犯防止』のための連携を実現するのがいいと考えているんです」

最初、物静かに話していた三宅さんの口調は、叩く太鼓のようにだんだん饒舌になってきた。思いのたけが言葉の爆弾になって炸裂してきた。取材も、そろそろ切り上げる時間だ。最後の質問は雑誌発行のコストについてであった。

「デザインは外注に出していまして一号当たり三〇〇〇部印刷しています。フルカラー四色なので印刷代は高いです。制作費は掲載広告主の有料広告費で賄っています。正直なところ余裕はありませんが、赤字覚悟で出しているわけではないんです。無料で送っている相手は全国の『少年院、拘置所、刑務所、更生保護施設』などで、二〇〇〇部は郵送しています。それ以外では定価五百円を付けていますが、有料で購入される方はそう多くはありません。

本誌の特色を一言でいいますと、ハローワークの求人票と違ってひと目で会社の内容が分かるということです。代表の方のメッセージからも社員への思いなどが伝わってくると思います。求職者にとってみると数字と文字のほかにカラー写真での紹介があれば、より会社のイメージが摑めると思うんです。それと、手間隙かかりますがすべての漢字にルビをふるのも、義務教育を満足に受けることのできなかった読者の理解を深めるための誌面づくりなんです」

赤字を覚悟で「Chance!!」を出しても長つづきしない。それよりも、続けることが必要なのだと、三宅さんは強調する。一方、ハローワークは雑誌の刊行を歓迎していないようだ。こんなところにも「Chance!!」の認知度が広がっているとは、民間人のアイデアと発想力の強さなのであろう。それと、「求職者」の実情を知る体験的な知識が役に立っていることが、彼女の強みなのではあるまいか。

特異な求人誌「Chance!!」。この雑誌は書店やコンビニでは入手できない。誌面はダウンロードもでき、現物の購読を希望する人はウェブ・サイトで申し込むこともできる。興味のある人は左記のサイトを訪問してみたらどうだろうか。

http://www.human-comedy.com

＊

平成三十年版の「再犯防止推進白書」には民間人の活動についてはほとんどふれていない。「民間人の就労支援」に関する記述は「刑務所出所者等総合的就労支援対策」の項に、〈矯正施設在所者に対しては、ハローワークと矯正施設が連携して、職業相談、職業紹介、事業主との採用面接及び職業講話等を実施し、（以下略）〉

と、記されている程度だが、支援の実績は就労紹介が二〇一七年度で七七九四人、そのうち三一五二人を就職させているが、どのような業種に就職したのかは明記されていない。「地域社会と出所者の共生」は、そう簡単に実現できるわけでもなく、これから「民間資源」をどのように活用していくのかが、「再犯防止」の鍵を握っているのではないか。

その意味で「Chance!!」という求人誌のように、民間人の活動が軌道に乗ってくることが「再犯防止」の一助になるといえるのではないか。そのためには官民協調による「再犯防止」

の施策が今後の重要な課題になるはずだ。〝官〟優先では、「再犯防止計画」がストップオーバーしてしまう危険性があるのではないか。解決策はあるのだろうか。実情を知るために選んだ取材先が、行政から委託されて「地域での福祉サービス」に取り組んでいる「地域生活定着支援センター」（以下、支援センターと称す）のひとつ、神奈川県支援センターである。現在、同様の施設は全国に四十八ヵ所（北海道は二ヵ所）置かれている。

## 地域生活定着支援センターとは

ＪＲ横浜駅西口から、徒歩十五分の場所。「神奈川県社会福祉会館」の別室に支援センターは置かれていた。ドアには遠慮がちに表札のステッカーが貼られていた。室内では女性相談員二人がパソコンに向かいデータを入力しており、その脇で眼鏡をかけた小柄なセンター長の山下康さんが、私を視認すると長机の前の椅子をすすめた。

机上には「神奈川県委託事業・神奈川県地域生活定着支援センター」のパンフレットが広げられていて、山下氏の説明がはじまった。まず、事業の概要からである。滑らかな口調は〝話すこと〟に慣れた人物だ。句読点がはっきりしていて聞き取りやすい説明は助かった。

「支援センターが開設されたのは九年前（二〇一〇年十二月）です。『支援対象者』はここに書いてある六項目に該当する人で、『特別調整』に認定された『出所者』の人たちなんです。六項目とは以下の対象者になっているので、就労支援についてセンターが関わっている事例は少ないです。そちらの方は主にハローワークなどが窓口になって支援を行っています」

・高齢（おおむね六十五歳以上）又は障害があると認められること
・退所後の住居がないこと
・退所後に福祉サービス等を受けることが必要と認められること
・円滑な社会復帰のために、特別調整の対象とすることが相当であると認められること
・特別調整の対象となることを希望していること
・特別調整の実施のために必要な範囲内で、公共の保健福祉に関する機関等に個人情報を提供することに同意していること

「特別調整」について「犯罪白書」（平成三十年版）には、次のように記されている。

〈矯正施設及び保護観察所においては、厚生労働省の地域生活定着促進事業により設置された地域生活定着支援センターを始めとする多くの機関と連携し、平成21年4月から、高齢者又は障害を有する者で、かつ、適当な帰住先がない受刑者等について、釈放後速やかに、必要な介

護、医療、年金等の福祉サービスを受けることができるようにするための取組〉「白書」では「適当」とか「速やかに」にといった曖昧な表現で「特別調整」を説明しているが、対象者の選考などについて、その手順の解説は記されていない。では、具体的には、どのような手順を踏んで出所者に関する「個人情報」を支援センターは得ているのだろうか。

「服役している刑務所から個人情報が当センターに送られてきますが、単に書類だけで受け入れの可否を決めているわけではないんです。本人から直接話を聞くために服役中の刑務所に出向くわけです。刑務所といっても『対象者』は全国規模ですから、遠隔地にもたびたび出張するんです。先月は北海道の月形刑務所に出向いた相談員（社会福祉士の資格をもつ女性）もいます。出張の多い仕事で女性の相談員の皆さんは、ほんと、プライベートな時間まで割いて頑張ってくれています」

しからば「個人情報」の流れはどのような仕組みになっているのか。横浜刑務所のケースで説明してみる。まず、最初に刑務所から対象者の簡単な履歴「支援対象者個人表」が送られてくる。刑務所の会議「特別調整者の選定会議」に同席。刑務所側（福祉専門官）から対象者の詳細な履歴の説明を受ける。

その場で受け入れの可否を決定すると、そこから、支援センターの対象者に対する支援活動がスタートすることになる。次いで刑務所から「横浜保護観察所」に、より詳細な個人情報が送られ、支援センターにも同じ書類が送付されてくる。その資料を「特別調整協力依頼書」と呼んでいる。このような手順を踏んで支援センターは要支援者と関わることになるわけだ。

刑務所から引き継いだ対象者の支援が「塀の外」に引き継がれ、そのステップが社会支援の一端を担っている「神奈川県地域生活定着支援センター」なのだ。

「月形刑務所」への出張の話がでた。

## 月形刑務所出所者インタビュー

私は二〇一九年四月に、同所を仮出所して〝寿町〟で生活している要介護者を取材していた。横浜寿町といえば昔は大阪の釜ヶ崎、東京の山谷と並んで日本三大ドヤ街（低額の宿泊所が立ち並んでいた）のひとつで労働者の街であったが、今日では外国人旅行者も気軽に利用する小綺麗な〝福祉の町〟に変容していた。

広大な敷地を有し、南瓜やジャガイモなど自給野菜を生産する農業用地まで確保している、月形刑務所。二〇〇七年には舎房や工場棟などを増設して、収容定員をこれまでの約三倍の一八四四人に増やし、同時に全施設をモニターで監視する警備システムも導入している。

「月形は札幌管区内の施設ですが、受刑者は関東出身者が多く東京拘置所経由で送られてくる人がほとんどで、一二〇〇名（当時）の人が収容されていました。罪名は七割が薬物系、それについで窃盗が多かったと思います」

こう語るのは窃盗罪（空き巣）で一年九月服役し、二〇一八年十一月に仮出所（二〇一九年二月に仮釈が満了）した前沢隆之さん（仮名・六十四歳）。取材したのは寿町の喫茶店。一泊二千円の簡易宿泊所で生活を始めてから五ヶ月になるという。

寿町の簡易宿泊所で生活する前沢さんが出所した月形刑務所

前沢さんは以前から難病を患っており、現在は精神障害者に認定され心療内科に通院してリハビリに励んでいた。最近ではADHD（多動性症候群）の診断も出ているそうだ。

「難病は服役する前から罹《かか》っていました。未決で東拘にいるとき一時的に症状が悪化したことがあったんです。薬を出してくれと担当の刑務官に申し出たんですが、移送が近かったので、いま薬を出したら医療刑務所に収監される可能性があるから、我慢した方がいいと言われたんです」

刑務官の助言が功を奏したのか、累犯刑務所の月形に入所。ちなみに、北海道の刑務所は〝月形〟に限らずスチーム暖房が完備されているため冬でも暖かく、夏は涼しくて快適に過ごせ、さらに食事のメニューも魚介類が充実して、受刑者には人気のある施設が多いそうだ。〃月形〃は前沢さんのように精神疾患を抱えている受刑者に対しても理解があり、最低限の対処もしてくれたという。

「担当刑務官には本当に世話になりました。経理作業に配役（仕事の指定）してもらったことで単独室（独居）に入ることができました（経理作業は基本的に単独室の受刑者しか配役されない）。入所後しばらくしたら、うつ病の症状が出てきたので安定剤も処方してもらいました」

しかし、経理工場では受刑者同士の派閥争いや陰湿なイジメなどが蔓延《はびこ》っていて、人間関係は最悪であったそうだ。

「基本的に経理工場はヤクザ者は配役されないんですが、『自分は元○○組に入っていて……』みたいなホラを吹く奴とかもいて正直、精神的に疲れてしまうんですよ。陰口も多いし、表面上は上手く付き合っていても、裏ではゴタゴタしていましたね」

こんな生活がつづくなか、前沢さんは精神的に不安定な状態になり一度、刑務官に〃もう無理だ〃と泣きを入れたこともあるそうだ。

「人間関係に参って担当さんに相談したら、言われました。経理作業は一般工場より作業報奨金が多いんです。だから、自分は出所後に頼れる人間がいなかったので、『ここを出たあとのことも考えて残った方がいい』と言われ、転業しませんでした。

あと、作業後に配食当番の仕事があって、これを手伝えば少しでも金が貯まるのでこの仕事をやらせてもらったんです。担当さんには、かなり気を遣ってもらいました」

前沢さんは家族との縁を切っていた。出所後は行き場がないため東京の更生保護施設を頼ることになった。作業報奨金は四万円ほど貰えたようで、施設を出ると、母親のいる横浜で生活する希望があったため、支援センターに相談に乗ってもらったと語っている。

現在、月一四万円（精神障害者保健福祉手帳を持っているので受給額は少し高い）の生活保護費を受給しており、ケースワーカーとの話し合いで治療に専念しているが、いずれは、きちっとした仕事をもち、「のびの世界」（空き巣の隠語）から足を洗って真っ当な人間に立ち返りたいと真剣な口調で語っていた。過去、二回の事件も「空き巣」であった。

取材後、部屋に案内してもらった。建物のなかは、〝ドヤ〟のようにじめじめとした薄暗い雰囲気はなく、ＬＥＤの照明に照らされた廊下は広くバリアフリーの作りで、車椅子も利用できるように改築されていた。

六畳ほどの広さの部屋には簡易ベッドが置かれ、十四型のテレビと収納ケースが備えられていた。

一日、二千円の宿賃は月一回支給される生活保護費で清算している。月額六万円の宿賃は決して安い賃料ではない。それと、保護費の残りで食事代、日用品の購入、コインランドリー、外出する際の交通費などで生活はギリギリと話す。

難病を抱えながら「空き巣」を繰り返していた前沢さん。どのような精神状態のときに事件を起こしていたのだろうか。

「二回とも住宅街の道を歩いているときに目に入った一戸建ての家があって、ふらふらと、その家に侵入してしまったんです。ドアの鍵は掛かっていませんでした。一回目は家人に見つけられて取り押さえられ警察に突き出されてアウト。二回目はタンスの上にあった小箱を盗って逃げたんですが、一週間くらいして生活していたアパートに刑事が訪ねてきて〝窃盗と家屋侵入の令状〟を見せられて逮捕です。二回の事件は精神状態が不安定なときにヤッテしまった事件でした」

前沢さんは現在、ADHDの治療を受けているが、症状が回復すれば働いてみたいと抱負を語る。しかし、現状では当分、働くことが難しい身体になっていた。月形刑務所を仮出所して、東京の更生保護施設で一時生活していたが、横浜に帰住するために支援センターの保護対象者になった。

生活保護に関して横浜市の生活支援課が二〇一八年十一月に寿町を調査したデータがある。生活住民は五七一六人。そのうち六十五歳以上の住民は三一六四人で保護費を受給している人が三〇二六人。高齢者の受給率は九五・六％。ほぼ全員が生活保護費で生活している。前沢さんもその中の一人として十一月以降、追加されることになる。単身者の月額一三万円の保護費は、ここだけで年間約四七億二〇〇〇万円の税金が支出されているのだ。

## 支援センターの現実

支援センターの相談員は、要支援者の出所日に合わせて刑務所に出迎えに行く仕事もあるそうだ。センター長は語る。

「仮釈放と異なり満期出所の人は、出所日が三百六十五日のいずれかの日で休日は関係ないんです。来年（令和二年）も一月一日が出所日の人がいて、横浜刑務所に午前八時に出迎えに行きます。そして、被支援者に同行して用意した宿舎まで付き添って行きます。当日、わたしは行きませんが出迎えに行く相談員の人は、家族と正月を祝うのは夜になってしまいますよ（笑）。

わたしの場合、過去にこんなこともあったんです。出所当日、本人が『コンビニに寄りたい』と申し出があり、車の中で待っていたのですが当人はコンビニから出てこないので気になって店に入ったんですが、いなかった。〝敵前逃亡〟されてしまいました（笑）。そんな苦い経験もあって、出迎えの日は緊張しますよ。書類ではチェックできない人間の心理を理解するのは、経験を積んで『人間観察』をすることが重要なんですね。

それと、わたしが常に自戒しているのは『犯罪という事実よりも人間を見ること』その一点なんです。犯罪者といっても相手は人間です。『犯罪歴』ひとつとっても、累犯者の場合、『生育歴』に課題を抱えた人がほとんどなんです。『親から育児放棄された人、家庭内DVを日常的に受けていた人、あるいは教育の機会すら与えられなかった人』など、生存権すら脅かされてきた人たちなんですね。反面、『累犯者』のなかにも強《したた》かな人もいました（後述）。

『特別調整』に該当する被支援者の選考は前出の『手順』を踏んで、そこで煮詰めた対象者のリストがこちら『支援センター』に送られてくるわけです。内容は当人の『生年月日、生育歴、学歴、犯歴、刑務所歴』等が記されたデータで、いわば人生のほとんどすべてが記された情報です。取り扱いは慎重ですよ。緊急事態が起これば、まず最初に持ち出す書類なんです」

センター長は個人情報の扱いについては慎重な口ぶりで説明する。〝守秘義務〟のハードルは高い。法律に基づいて運用されている「センターの業務」とはいえ、携わる人は民間人だ。情報管理についてはシビアであった。

支援センターは「特別調整」の制度ができた二〇一〇年に発足したわけだが、実情は決して法に定められた通りの運用とは、いかないようだ。現場の内実を深刻ぶらずに語ってくれた。

話は続く。

「ここで受け入れる人は『高齢者や障害者』がほとんどなのですが、なかには『高齢の累犯者』、障害者の人ですが、『確信的な累犯者』の人を扱ったことがあります。それは、『刑務所志願』の理由が『障害年金』と関係があったんです。

『万引きで捕まるが警察で厳重説諭されて微罪処分で釈放』―『万引きを繰り返す』―罰金刑―『起訴』―『有罪判決』。

　このパターンで何度も娑婆と刑務所を往復するわけです。当人は老齢基礎年金を受給しているので服役している間は年金を使うことがないので貯金できるわけです。そして、出所すると貯まった年金をギャンブルにつぎ込んで無一文になってしまい、また、少額の〝万引き〟を繰り返して『常習累犯』ということで実刑判決。せいぜい、一年以内です。これは特異なケースですが『高齢累犯者』のなかには、こんな人もいるんです。

　それでも、『刑務所に入ると特別調整』の対象者になるので引き受けるわけです。この人の場合は『万引きを繰り返す』のはクレプトマニアではなく、『ギャンブル』を断ち切ることが自立更生には絶対必要な処方箋なのですが、センターでは出所後の生活ケアには限界があり、当人の私生活には踏み込めないんです。隔靴掻痒《かっかそうよう》といった感じですか……。

　この人はＩＱが五〇前後の人で知的障害の疑いをもっていますが、〝万引き〟を繰り返すたびに学習してしまうんですね。〝年金と刑務所の関係〟を。障害者といえば高学歴の人もいて、

『アスペルガー症候群、ＡＤＨＤ（多動性症候群）』などの発達障害を患っている再犯者も引き受けています」

支援センターの常勤職員は二人、非常勤職員が五人の体制で業務をこなしているが、直近の被支援者は何人、扱っているのか。

「平成三十年四月〜三十一年三月までの一年間で七七人を受け入れています。内訳は高齢者（六十歳以上）三三人、障害者二二人、高齢障害者二二人で、このうち横浜刑務所からの引き受けが三五人、残りは全国の刑務所からの依頼で、七人の相談員が手分けして出所者を出迎えに行ってますが、用意した帰住先まで途中でトラブルや事故もなく同行してくるのはホントに神経を使う仕事なんです。わたしはともかく、女性の相談員は大変だと思います」

センター長は隣に座る女性に視線を向けた。彼女も近日中に秋田刑務所へ男性の高齢出所者の面接に行くという。出所者の生活保護に関して聞いてみた。八割の人が受給しているそうだ。

## 八ヶ月ぶりの横浜寿町

二〇二〇年一月三日、午前十時半。〝寿町〟の通りはまだ人の姿もまばらだった。マフラーを巻いてきたがこの時間になっても風は冷たく身にしみる。今日、寿町に来たのは、久しぶりに前沢さんと会ってみたかったからだ。四月以来、八ヶ月の無沙汰だ。直接、簡易宿泊所を訪ねて管理人に確認してみた。

「前沢さん、早朝に出て行ったね。なんか、初詣に出かけるなんて話していたから神社にでも行ったんじゃあないの」

宿泊所を辞してから町内を歩いてみた。まだ、正月三が日のうちなので店も閉じているところが多かった。道路は綺麗に清掃されてゴミなどは集積所に集められている。通りでは〝車椅子〟を押しているヘルパーの女性と何度も行き交う。

横浜寿町の居酒屋通り（令和２年１月３日）

人の集まる場所を聞いてみた。

「この時間なら〝翁《おきな》湯《ゆ》〟じゃあないの。この先を左に曲がると福祉交流センターの二階にオープンしている銭湯があります。そこが〝翁湯〟です」

看板が目に入った。真新しい銭湯だ。入湯料四七〇円を払って利用してみた。

銭湯の浴槽は広く利用客二、三〇人がのんびりと湯船につかっている。ほとんど老人だ。隣の人に声をかけてみた。簡

簡易宿泊所が並ぶ通り

易宿泊所に住んでいるという。

「外は寒いから銭湯はいいね。ここで二、三時間つぶすんだ。日ごろ挨拶も交わしたことのない人から〝おめでとう、今年も宜しく〟なんて、声がかかるのも銭湯の雰囲気なんだな。あんた、ここ初めてかい。どこの〝ドヤ〟に住んでいるの。雰囲気が、ここの住民とは違うもんね」

私は正直に取材のことを話してみた。老人は七十一歳だという。

「ここの老人のことを取材したいというの。初対面じゃあ、難しいと思うよ。老人といっても人生、いろいろ抱えている人ばかりだから。わたしもその一人だけどね。何回か通って話をしてみるといいよ。顔見知りになれば取材に応じてくれる人もいるかもね」

彼をYさんと呼ぶことにする。フルネームと住んでいる「M館」の電話番号を教えてくれた。前出の前沢さんと連絡がついたらその機会にYさんと会うのもいいのではと、私はYさんに挨拶して湯船を威勢よく出た。湯につかる人はさらに多くなってきた。

時刻は三時を回ってしまった。帰りがけにもう一度前沢さんを訪ねてみたが、まだ帰っていなかった。私は管理人に手帳にメモした紙を渡して電話をかけるよう伝言を頼んだ。

寿地区を出て幹線道路を越えて関内駅に向かう途中、手に破魔矢や福袋を持った数人の女性とすれ違う。表情は笑顔ではちきれていた。ビルの壁に取り付けられたデジタル温度計が眼に入った。一〇度を表示していた。

## センター長の強い意志

この日は会えなかったが、前沢さんは簡易宿泊所に〝生活の場〟を確保されていた。支援センターは他にはどのような施設を用意しているのか。また、行政はどこの部門が窓口になっているのか。センター長は次のように語っていた。

「通年、相手の出所日次第で年末も新年も関係なく、受け入れるわけです。簡易宿泊所のほかに〝無低（無料低額宿泊所）〟〝サ高住（サービス付き高齢者用住宅）〟も帰住先として用意しますが、生活保護の受給と関係してくるので役所は〝生活保護〟〝高齢福祉〟〝障害福祉〟担当との相談が、いちばん多いですね。一人の出所者を受け入れるためには刑務所との会議、提供された資料のチェック、そして、〝特別調整〟に該当する相手なのかをアセスメントしますので、最低でも三ヶ月、長い人は半年の時間をかけて受け入れ体制をつくってゆきます。

社会的支援には総合的な対応策が求められ、政府の指針として『再犯防止推進計画』が立案されましたが、現場で働いているものとして、わたしの体験値では出所者に必要な対策は『再犯防止』よりも『更生支援計画』の方が重要な施策ではないかと、常々、考えてきました。

それはそれとして、全国の支援センターでも、わたしども同様に刑務所へ出所者を出迎えに行っている相談員の人もいると思います。出所日は三百六十五日ですから……」

山下康さんは福祉関係（神奈川県社会福祉士会会長）の仕事も長年続けており、「出所者の支援活動」にも精力的に取り組んでいた。氏の言葉は机上論ではなく体験に基づいた実践論だけに、現場の実務が体温を伝わって響いてくる。「白書」からは窺い知れない〝生きた言葉〟の説得力であった。

# 第六章　法学者・安田恵美氏インタビュー

## ゼミが学生たちに人気、その秘密とは

安田准教授と大学の研究室で会ったのは、連続して真夏日が続く七月上旬。國學院大学はJR渋谷駅前のスクランブル交差点で有名なハチ公口の反対側、宮益坂口から歩いて二十分。駅周辺は街の大規模再開発でいたるところ工事中。大学は閑静な住宅街のなかにあった。キャンパスには学生たちが集っている。刑事政策を教えている安田さんの研究室は若木タワーの七階。オートロックのドア越しにご本人が現れた。まだ、三十代の学者と見受けた。

気さくに学部長会議室に案内してくれる。〝学者〟という雰囲気は感じられない。眼光鋭い容貌かと思いきや、ふっくらとした顔立ちからは優しい笑顔がこぼれる。服装はラフな格好を

していた。

大学で教鞭をとる学者、それも「刑事政策」を専攻している文系の学者にインタビューするのは、どちらかというと苦手な私だが、安田さんにはアカデミックな雰囲気はあまり感じられなかった。スマホ世代の常套句を使いながら話す会話術は、喋り慣れているのだろう。その辺りが学生にも人気がある先生なのかも知れない。

予め質問要旨は出していたが、思いつくままに自由に質問させてもらった。彼女は終始、ニコニコ顔で応じてくれる。

「高齢犯罪者の権利保障と社会復帰」をテーマに「刑事政策」の分野で研究に取り組んでいる安田氏。彼女がとくに「老人受刑者」に関心をもった理由はなんであったのか。

「わたしは小説でも漫画でもミステリーが大好きなんです。サスペンスドラマに登場する人物は『捜査官（刑事）』『検察官』『裁判官』『弁護士』。最近のドラマでは『科学鑑識』などの専門職の人たちが人気になっていますね。ですが、被疑者が起訴されて『被告人』になり、司法の世界で裁かれて有罪判決（実刑）を言い渡されたあと、その間に拘置所での面会シーンなど刑事施設のシーンが出てくることもありますが、その後の世界（刑務所）が描かれることはほとんどないですね。ドラマでは閉鎖空間の『刑務所の世界』はあまり登場しません。

わたしが学部の学生時代に関心をもったのはその『刑務所の世界』なんです。彼ら（彼女ら）

は罪を償うために刑務所で服役するわけです。受刑者も若年者から老人までいるわけですが、わたしが研究テーマに選んだのは『高齢受刑者処遇』と『出所後の社会生活』についてなんです。

いま、日本の刑務所では高齢受刑者が増えています。いままで十数か所の刑務所を参観、見学しましたが受刑者のなかに高齢者が多いんですね。わたしが初めて刑務所を訪れたころ（十数年前）の日本の刑務所システムは高齢受刑者の特性に応じた処遇はあまりなされていませんでした。例えば高齢であっても、若者と同じくらいのスピードで行進しなくてはならなかったり、刑務作業も若者と同じように画一的な作業をさせる。このような生活についていくことができない老人受刑者も少なくなかったように思います。ハード、ソフト面で日本の刑務所は高齢受刑者に厳しい環境にありました。

と、同時に出所後の彼らの生き方、『社会復帰』にはどのような施策が必要なのかといったことにも関心が向き、刑事政策の視点から『高齢受刑者と社会』の関係性を研究してきました」

ミステリー小説や犯罪ドラマが好きで読んだり観たりしているうちに関心は、「刑務所世界」に向いたと話す安田氏。そして、現場（塀の中）で知見した「老人受刑者」の実情に驚いたそうだ。それは、塀の中では「軍隊式行進」とか、「高齢受刑者の刑務作業」が画一的に行われていることに対する、違和感であったようだ。では、氏の「刑務所観」とは、どのようなものなのか。

「受刑者は行きたい場所に行くことができない。家族や友人と自由に会うことができない。決められたユニフォームを着用しなければならない。部屋は外から鍵が掛けられる。集団で行進して移動する。自由に会話することができない――といった社会では当たり前の人間行動が制限されています。確かに懲役刑が確定して刑務所で服役となれば〝自由〟を制限するのが〝自由刑〟ですから、一定の制限が課せられるのは当然です。しかし、その制限が法（刑事施設及び受刑者の処遇に関する法律）ではなく通達行政で運用されていることが問題なんですね。それを、『刑務所拘禁の弊害』と、わたしは規定しています。とくに、その弊害は高齢受刑者の場合、出所後の生活に及ぶことが多々あり社会復帰が妨げられていることなんです。その原因は『社会的排除』と、わたしは考えています」

## 社会的排除とは

その論点を簡単にまとめたのが『法学セミナー』（日本評論社）の記事だ。安田氏は「社会的排除」について次のように規定する。

〈「経済的困窮」、「衣食住が不十分な状態」、「隔離」、「サービスへのアクセスの不平等」、このような状況を「社会的排除」と呼ぶ〉（同誌二〇一七年十一月号の論考を引用した）
〈高齢者の中には、社会的排除状態の中で自分の生命を維持するためのひとつの「術」として、「犯罪」をするに至る者もいる。そのばあい、刑事司法システムの手中に置かれることもある。自由刑が選択されれば、刑務所拘禁により、高齢者は一時的に衣食住を確保することができるが、刑務所から出た瞬間、刑務所に入る前の社会的排除状態に引き戻される。彼らが置かれていた根本的な社会的排除状態は解決されないからである。むしろ、刑務所拘禁という経験によって、社会的排除状態がより悪化するおそれすらある。たとえば、刑務所拘禁中に住民票が職権消除されてしまうことがある。刑務所出所当日から、医療、福祉、介護サービスや生活保護を受給するためには、迅速な手続が必要である。しかし、住民票がなければこれらのサービスの手続をとることすらできない〉
　安田氏の論考は二〇一七年に書かれたものだ。現在、刑務所には社会福祉士の資格を有する「福祉専門官」が複数の刑務所で勤務しており、高齢受刑者の出所後の社会的支援について関係機関との交渉、調整などの業務を担当している。その現状については第三章で詳述しているが、学者の「刑務所観察」は別な視点で「受刑者と刑務所」の関係を捉えているので、前掲誌から長いが引用しておく。

## 安田氏の刑務所観察

〈①刑務所は時計も地図もいらない？

一般社会では、「一限の講義（著者注・学生たちの場合）に出るためには、○時に起きて×分の電車に乗ろう」など、計画を立てながら行動することが要請されている。しかし、受刑者は刑務所内で、時計や地図を見ながら生活することはない。行進についていけば、時間通りに工場や浴場、居室などの目的地に到着する。そこでも、号令を受けて行動をする。そのような生活を送る中で「自分自身で考えて行動する」力が衰えうる。

②自分の気持ちを伝える機会の少なさ

塀の外の生活においては、コミュニケーションが極めて重要である。電子メールやSNSというツールの発展により、他人とのコミュニケーションをとる頻度が高くなり、それによりコミュニケーションスキルの重要性も高まってきている。その一方で、刑務所では他者とのコミュニケーションの機会が圧倒的に少ない。刑務所内での生活において、受刑者同士で好きな時に自由に会話をすることは許されていない。たとえば、刑務作業中に他の受刑者に確認したいこと等がある場合には、挙手をして担当の刑務官の許可を得てから、相手に話しかける。また、刑務官と受刑者との間で、対話がなされることもあるが、匿名の「受刑者」と「刑務官」の対話の情景は塀の外における対話とは大いに異なる。そのような生活は、受刑者のコミュニケーション能力を低下させ、刑務所出所後の生活において、思いを伝えることを我慢する、暴れることで自分の怒りや不快感を示すといった行動につながりうる。

③塀の外との医療・福祉・介護サービスの格差

医療、福祉、介護サービスは厚生労働省が管轄している。しかし、受刑者がそれらのサービスを必要とするばあいには、原則として「刑務所内の資源」が用いられる。医療は、当該刑務所に勤務する医師や看護師が、介護・介助については、刑務官や他の受刑者が対応している。看護については、准看護師の資格を有する刑務官が対応することもある。現在の刑務所医療・介護についてはふたつの問題を指摘することができる。ひとつは、圧倒的にケアする側の人員が不足している、という点である。とりわけ医師は慢性的に不足しており、増員するための対策も講じられつつあるところである。もうひとつは、専門性の不足・欠如である。高齢受刑者においては、一般の高齢者と同様、日常的な医療・福祉・介護ケアを必要としている者が多い。それゆえ、これらのケアを提供する資源の量的・質的不足は、高齢受刑者に対してより大きな影響をもたらしうる。（以下略）〉

## 出所者とのトークが研究成果につながる

このように安田氏は三項目の問題点を挙げて刑務所の内実を指摘している。確かに私が取材した刑務所も、受刑者が「時間」について確認する「時計」は所内でほとんど目にする機会はなかった。だが「受刑者同士のコミュニケーション」は決して遮断されているわけではなく、居室等では自由に話せる時間もある。内容は多岐にわたるであろう。「犯罪に関する情報交換」も日常茶飯事に行われている。あるいは「出所後の生活」など個人情報について語る受刑者もいるわけだ。〝人の口に戸は立てられない〟の喩えもあるように、受刑者が情報に飢えているなど刑務所の世界といえども、今日ではありえない。むしろ、「錯綜する情報」を取捨選択する冷静な判断力の方が重要なのだ（老人受刑者の場合、コミュニケーション能力が欠如しているのは事実だが）。

安田氏も、その辺りは先刻承知していて提言されたのではあるまいか。刑務所は閉鎖空間ではあるが、決して「サイレント空間」ではないと私は思う。

安田氏の主張の根幹は「高齢犯罪者といえども、受刑者である前に一人の人間として尊重し、権利や尊厳は何人によっても冒されるべきではない」。この答えに気づいたのは十数回の刑務所参観から得た貴重な体験からであったそうだ。

そして「高齢受刑者が社会から孤立」する原因について熱っぽく語ってくれた。

「社会から排除される経験を重ねてきた高齢受刑者には支援者（例えば地域生活定着支援センター）との対人距離を推し量ることが難しい人や、猜疑心、敵愾心が強く、支援を受ける心の準備が整ってない人がいます。彼（彼女）らは刑務所での拘禁経験を通じてコミュニケーション能力を失っている者が多い。そして反動として『怒り』『不満』『反発』を支援者に対して向けるんですね。

出所者の多くの人は社会的に排除されてきた経験をもっており、その経験を通じて自分の権利や尊厳に対する意識が希薄になっているんです。『味方』のいない高齢出所者にとっては人を信頼するという感情はたやすいことではないんですね」

安田氏の高齢出所者に対する実証的な言説は、出所者とのトークを重ねてきた経験によるものだろう。「研究」のためというのは語弊があるが、少なくとも学者として研究対象にしている「高齢受刑者と社会復帰」の関係性を探る上で、直接当事者の「経験値」を聞くことが重要なファクターになっていることを、私は彼女の言葉から教えられた。

安田氏は今後の実践的な課題として「元受刑者が集えるコーヒーショップ」を計画しているそうだ。

「元受刑者の人たちや、彼（彼女）らに関心のある人たちが集える『喫茶店』のような場所をつくりたいですね。元受刑者の人たちがホッと一息つけ、社会の側も寄り添えるような〝場〟です。つまり、社会との接点を繋げる場所を作ることを考えているんです。刑事政策という学問の世界からは見えてこない、体験者の語る『刑務所の実像』が社会の人たちにも理解されるのではと思案しています。

実現するまでハードルが高いですが……。社会では刑期を務めて出所した元受刑者といえども、忌避するのが当たり前ですね。ゼミの学生に質問したことがあるんです。『君たちの生活する隣に元受刑者が引っ越してきたら』どう対応しますかと。

全員が『怖い』という答えでした。日常生活のなかで『元受刑者』と接する機会なんて、めったにありませんね。そもそも受刑者の生活環境など見聞することなんて『法学部の学生』でも、そうそうありません。

わたしの場合、学外ゼミで『刑務所参観』を実施することがありますが、その時は全員参加です。『怖いもの見たさの感覚』なんですね。ですが、刑務所参観のレポートには『普通の人が熱心に仕事をしている』とか『想像していた風貌とは違う』といった率直な言葉で書かれたレポートがほとんどです。

わたしもゼミで、刑務所に入っている人々だって、ひとりの『人』に変わりはないと言ってきましたが、学生にはよい体験になると思っています」

気さくで、ズバッと問題点を指摘する若い女性の学者。それが、彼女のキャラクターであり、持ち味なのだ。「刑務所世界」に関心が向いた理由が「小説やドラマ」というのも、現代っ子の感覚なのだろう。小難しい「刑事政策」の解説など取材中はほとんど出なかった。それだけに、彼女の言葉は私の胸にストンと落ち、「老人受刑者と社会環境」の実情が理解できた。

# あとがき

私が「老人受刑者」に関心をもったのは三十四年前になる。四十代半ばで、当時は「日本の棄民」をテーマに雑誌に連載記事を書いていた。

①アンコ・プロレタリアートの街・釜ヶ崎無情
②二百海里戦争・北方のスパイ船
③アイヌ・ソ連親善協会の真実とは
④売春・カニタ村からの報告
⑤二十年目に訪ねたヤマは今——筑豊
⑥原発の恩恵にすがる過疎の村・人形峠

などだが、本書の序章で紹介した広島の「老人刑務所・呉刑務支所」の原稿は諸般の事情があり、すべて掲載することはできなかった。そこで今回、当時の取材ノートをもとに同所（現在は拘置支所）について詳細をまとめた。フィルムカメラで撮影した二枚の写真も保存していた。その一枚が掲出した「門の写真」である。

「刑務所は社会の縮図」などと形容されるが、たしかにその時代の社会動静をネガティブに反映しているともいえる。それと、受刑者の罪名も犯罪の質的変化を顕著に表している。もっとも象徴的なのが三十四年前は「ポケベル」で簡単な情報交換（数字入力で受信相手が文字に変換）をしていた時代。その後、パソコンや携帯電話の急速な普及でこれらのツールを使った犯罪が頻発しはじめた。それに最近では「ＳＮＳ」がフェイク情報を拡散していることも、犯罪の助長に繋がっていると警告される時代になってきた。いわゆる「ネット犯罪」の世界だ。

こんな現代社会で起きる犯罪のなかで、王道といわれる「窃盗や詐欺」も質的変化を遂げている。そして、この世界で問題になっているのが「高齢受刑者」の存在である。「刑務所」も、その対策に熱心に取り組んではいるものの、「要介護者」の急増で手が回らないのが実情なのだ。それと「介護施設化」の問題も指摘されている。

資料で集めた昭和五十九年版「犯罪白書」に初めて「高齢化社会と犯罪」についての記述が載った。その数字を読み解いてみると、「新受刑者」三万七二五人のうち六十歳以上（当時の高齢者の年代区分）の高齢受刑者が五八八人と記載されていた。

それから三十三年後の二〇一七年末には六十五歳以上の高齢受刑者は二二七八人になり、再入所率（再犯者）は七割を超え、受刑者は三・八七倍に増えてしまった。反面、刑務所の収容人員は一九八三年には六万人を突破していたが、一七年は四万七千人に減少している。新受刑者は三十〜四十代の世代が全体の八割超で、六十五歳以上の世代と対照的な年齢構成だ。

刑務所も収容人員の減少で施設の閉鎖も行われ、統廃合が続いている。そのなかの一つに二〇二二年三月三十一日廃庁予定の「黒羽刑務所」を取材している。ここも六十五歳以上の高齢受刑者が収容者（五五四人）の一〇・二八％、五七人を占めていた（要介護者は一一名）。他にも介護の必要な高齢受刑者を収容している刑務所が「旭川、長野、府中、神戸、徳島、尾道」など全国に二十八施設あるが、現場では〝刑の執行〟よりも「介護」の世話に刑務官は忙殺されているのが実態だ。今回は女子の施設を取材する機会はなかったが、高齢受刑者が男性受刑者（一九〇五人）よりも入所率が高く、一七年の統計では三七三人。十年前の八・五倍に増加している。

この三七三人という数字にはそれぞれの人生がギュッと詰まっているわけだ。次に取材のきっかけがあれば女子施設を訪ねてみたいと思っている。女性の高齢受刑者の犯罪も「万引き」が多いそうで、彼女たちの大半は「クレプトマニア」（病的窃盗）といわれている。取材が可能であれば是非、実現したいものである。

日本の超高齢化社会は十年も前から始まっているが、今の時代を生きている「高齢世代」を煽る論調も多く、「優雅な老後人生」を喧伝する。だが、これからの老後人生は決して豊かな

「ライフステージ」が描ける社会ではないはずだ。

老人世代（六十五歳以上）は今後、ますます増加して、世の中は「貧困社会」になることが予測されている。となれば、生活手段の乏しい（生活力がない）高齢者はどのようにして生きていくのか。「支援、救済、コミュニティーによる共生」が提唱されているが、なかなか実現できないのが現実の社会なのではあるまいか。

それと今後、救済のネットワークからこぼれてしまう「高齢者」も増加するのは必定。「生活手段」をもたない「高齢者」の最終的に到達する場所が「刑務所」であることが現実的になってきた。

「困窮─犯罪─逮捕起訴─裁判─収監─出所」のスパイラル現象の表出である。本書は高齢者が何故、「犯罪者」になってしまうのか、その現実の姿を「塀の内側から外側」（更生保護施設、地域生活定着支援センターなど）を取材し、出所者の生の声も聞き取ったルポルタージュである。「高齢受刑者」の現実を直視して、「再犯者」になってしまう原因がどこにあるのかを、本書から是非、読み取ってもらいたい。高齢犯罪者を「刑務所」に収容して〝社会的排除〟をすることだけが、決して「社会防衛」とは、いえない時代になってきた。

「刑務所世界」が、医療問題も含めて社会のどのレベルに合わせた「拘禁施設」として、存在することを市民は望んでいるのだろうか。医療刑務所は「東日本成人矯正医療センター」を取材したが、正直、患者受刑者がここまで手厚い治療を受けていようとは、想像もしていなかった。施設側は〝広報〟ということを念頭に取材を許可してくれたのであろうが、ギリギリのところまでオープンにしてくれた。その「開かれた刑務所」の一端も本書で紹介している。

刑務所の見学・参観は「受刑者の人権問題」に関わってくるので、取材はどうしても限定的になってしまう。だが、「刑務所」の実態を広く市民に公開して情報を提供することも必要なのだということを私は、取材を通して痛感した。

本書を書くにあたって、担当編集者の藤平歩氏からは「老人受刑者の現実の姿を、ルポルタージュする鉄則から逸脱しない」ことだけを釘をさされた。「受刑者」「出所者」の方を一五人取材させてもらった。数はともかく、彼らの生の言葉を伝えることができたのではないかと、思っている。取材は「個人史」に踏み込んだシリアスな事実を記しているが、なかには取材途中で〝他人にどうして過去の傷を明かさなければならないのか〟と激昂する人もいた。

自然な感情の表れだ。私は相手に執拗に食い下がって本音を聞きだそうとした。今は、その取材姿勢を自戒している。その結果が編集者の意向をなんとかクリアできた作品として上梓できたと自負している。

また、取材に応じてくれた人たちの氏名は、本人が実名で記すことを了解してくれた以外は、すべて仮名とした。そして、多くの方に取材ではお世話になった。これらの方々の協力があったからこそ、本書が出版できたことに多謝である。

それと、本書を執筆するなかで社会学者の橋本健二教授の著作『新・日本の階級社会』（講談社現代新書）に啓発されることも多く、「最下層労働者」の分析に興味をもった。最下層労働者階級といえば、私はかつて死刑囚・永山則夫の漂流人生をルポルタージュした作品を書いたことがあり、著作を何冊も読んでいた。そのなかの『人民をわすれたカナリアたち』に「驚産党宣言」草案（手稿）が収載されていた（私が読んだのは一九八八年刊の河出文庫版）。

永山はプロレタリアートの階層を「大ブルジョアジー」「プチ・ブルジョアジー＝貴族的プロレタリアート」「日雇人足階級＝ルンペンプロレタリアート」の三階層に分類して、自らは最下層の「ルンペンプロレタリアート」に属していると規定。永山の生活歴を追ってゆくと、自らの出自に目を向けたときの回想が、この「驚産党宣言」草案を記した動機であったことに鮮烈な印象をもったものだ。階層分化について永山が意識したのは、今から半世紀も前になる。獄中で学んだことは多々あっただろう。しかし、一九九七年（平成九年）八月一日、東京拘置所で刑を執行された。遺骨は思い出の地、オホーツク沿岸都市の「網走沖」に散骨された。生きた時間は四十八年三十五日であった。

二〇二〇年四月

2022年春に廃庁予定の黒羽刑務所

# 参考資料

## 書籍

『不安解消！　出所者支援――わたしたちにできること』掛川直之編　旬報社
『ルポ　難民化する老人たち』林美保子　イースト新書
『下流老人――一億総老後崩壊の衝撃』藤田孝典　朝日新書
『社会に開かれた刑務所とは』一般社団法人更生支援事業団編
『老後破産――長寿という悪夢』ＮＨＫスペシャル取材班　新潮文庫
『名もなき受刑者たちへ――「黒羽刑務所　第16工場」体験記』本間龍　宝島ＳＵＧＯＩ文庫
『刑務所改革――社会的コストの視点から』沢登文治　集英社新書
『ルポ　出所者の現実』斎藤充功　平凡社新書
『刑務所を往く』斎藤充功　ちくま文庫
『アンダークラス――新たな下層階級の出現』橋本健二　ちくま新書
『新・日本の階級社会』橋本健二　講談社現代新書
『昭和時代　戦後転換期』読売新聞昭和時代プロジェクト編　中央公論新社
『昭和史全記録』毎日新聞社
『日本行刑史散策』小野義秀　財団法人矯正協会編
『ぜんぶわかる認知症の事典』河野和彦　成美堂出版
『人民をわすれたカナリアたち――続・無知の涙』永山則夫　河出文庫

## 雑誌

「実話ナックルズ」　ミリオン出版

「法学セミナー」　日本評論社
「Chance!!」　ヒューマン・コメディ

**白書・統計資料**

犯罪白書　法務省法務総合研究所編（昭和57年版）
　同（平成30年版）
矯正統計年報　同　（平成30年版）
警察白書　警察庁（平成30年版）
再犯防止推進白書　法務省　（平成30年版）
高齢社会白書　内閣府（平成30年版）
国民生活基礎調査　厚生労働統計協会編（平成30年版）
就業構造基本調査　総務省統計局（平成29年版）
更生保護便覧（２０１９年版）　法務省保護局編　日本更生保護協会

**新聞**

山梨日日新聞　毎日新聞　読売新聞　産経新聞　福島民報

カバー・本文写真撮影　著者

装幀　鈴木正道
Suzuki Design

斎藤充功

1941年東京生まれ。ノンフィクション作家。東北大学工学部中退。著書に『日米開戦五十年目の真実――御前会議はカク決定ス』『日台の架け橋・百年ダムを造った男』『昭和史発掘　幻の特務機関「ヤマ」』『陸軍中野学校極秘計画――新資料・新証言で明かされた真実』『小野田寛郎は29年間、ルバング島で何をしていたのか』『日本のスパイ王――陸軍中野学校の創設者・秋草俊少将の真実』『脱獄王――白鳥由栄の証言』『諜報員たちの戦後』『伊藤博文を撃った男――革命義士安重根の原像』『証言 陸軍中野学校 卒業生たちの追想』『塀の中の少年たち――世間を騒がせた未成年犯罪者たちのその後』『「フルベッキ群像写真」と明治天皇“すり替え”説のトリック』『3650死刑囚小田島鐵男――“モンスター”と呼ばれた殺人者との10年間』など共著作を含めると50冊のノンフィクションを刊行。現在も現役で取材現場を飛び回っている。最新刊は『恩赦と死刑囚』。

# ルポ　老人受刑者《ろうじんじゅけいしゃ》

二〇二〇年 五 月一〇日　初版発行

著　者　斎藤《さいとう》 充功《みちのり》

発行者　松田 陽三

発行所　中央公論新社

〒一〇〇-八一五二
東京都千代田区大手町一-七-一
電話　販売 〇三-五二九九-一七三〇
　　　編集 〇三-五二九九-一七四〇
URL http://www.chuko.co.jp/

DTP　平面惑星
印刷　大日本印刷
製本　小泉製本


Printed in Japan　ISBN978-4-12-005303-0 C0095

定価はカバーに表示してあります。落丁本・乱丁本はお手数ですが小社販売部宛お送り下さい。送料小社負担にてお取り替えいたします。